바람꽃의 노랫말

김대은의 제2시집

도서출판 채운재

바람빛의 노랫말

인쇄 2013년 11월 15일
초판 1쇄 발행 2013년 11월 20일
지은이 김대은
펴낸이 양상구
웹디자인 김태완
펴낸곳 도서출판 **채운재**
주소 100-861 서울시 중구 충무로2가 49-8 (서울빌딩 202호)
전화 02-704-3301
팩스 02-2268-3910
손전화 010-5466-3911
이메일 ysg8527@naver.com
정가 10,000원

바람빛의 노랫말

시인의 말

어느 날 우연히 귓가를 스치는 바람이 너무나 부드럽고 향긋했다. "혹시나 누군가로부터 온 전언인가"하고 혼잣말을 되뇌다가 바람에 향기가 있으면 바람꽃이 아닐까 생각한 적이 있습니다.

우리의 인생이 無에서 와서 無로 돌아가듯 그저 바람으로 왔다가 바람으로 사라집니다. 그래서 조그만 바람에 쉼 없이 흔들려도 결코 유약하지 않는 그런 바람꽃이 읊는 노랫말이 듣고 싶어졌습니다.

그 노랫말을 통해 오롯이 우리와 똑같이 살아가는 사람들의 이야기가 전달되고 그런 사연들이 우리에게 작은 위로라도 된다면 저 또한 더불어 행복하겠습니다.

이 작은 시집을 만들면서 사랑이란 영역이 너무나 광대하고 오묘하여 감히 범접하기에 어려웠지만 카릴 재미슨의 글 중에서 "사랑은 손에 쥔 모래와 같다"라고 하는 구절이 마음에 와 닿았습니다. 모래는 꽉 쥐려고 움켜쥐는 순간 손가락 사이로 흘러내리고 말죠. 마찬가지로 우리가 더불어 살아가면서 서로에게 여유를 주면 오래도록 그 관계가 유지가 되지만 너무 강한 소유욕으로 꽉 움켜쥐면 그 사랑은 집착으로 변하게 되고 소중한 사랑을 잃어버리게 되죠.

그러한 사랑처럼 과하지도 않고 그러면서도 모자라지도 않는 관계와 관계가 여기에 깃들기를 희망합니다.

하나뿐인 세상, 하나뿐인 인생에서 바람꽃의 노랫말을 들려줄 수 있는 사람들을 위해 이 詩集을 바칩니다.

항상 곁에서 용기를 주었던 튤립 같은 아내, 장미꽃 같은 양상구 시인/발행인님, 에델바이스를 닮은 김선주 시인/교수님의 아름다운 해설과 격려의 말에도 고마운 마음을 바람꽃으로 피워냅니다. 멋지고 아름다운 책을 만들기 위해 기꺼이 노력해주시고 출간해주신 도서출판 채운재에도 깊은 감사를 드립니다.

2013년 가을
금오산 자락에서
김대은

제1부 | 나의 길

제2부 | 우체통

제 3부 | 빈털터리

제 4 부 | 노예의 미소

제 5 부 | 사랑비

제6부 | 바람꽃의 노랫말

제1부

나의 길

담쟁이

남의 눈치도 보지 않고
어디든 기어오르는 본능은
끊임없이 갈망하는
인간의 욕심을 닮았다

한 잎 더부살이로 시작하더니
수많은 잎으로 잠식하고
전쟁 치르듯 진지를 구축한다

푸른 잎 단식하여
마디 끊어내는 의식
홍엽 떨구고
헌 줄기 겨울잠을 청한다

어디든 착 달라붙어
집 차지하는 본능은
부동산에 눈 먼
인간의 탐욕을 닮았나.

봄이 왔어요

겨울은 저승사자로 왔다가
세상을 얼려놓고 갔지만
자맥질 하는 봄 강이 내뱉는
고동소리는 우렁차기만 하구나

찌든 산이 나뭇가지를 흔들어
겨울을 털어내니
어디선가 봄바람이 달려오네

솟아오르는 해님이 반가워
멀리 친구를 기다리던 대지도
세상 인심에 얼어 붙었던 가슴에도
새싹 돋는 봄이 왔어요.

야윈 가뭄에 방황하며
눈 먼 강이 지팡이를 짚었던
그토록 목말랐던 계곡에도
단비 같은 봄이 왔어요.

개나리꽃

노오란 꽃 빛
아! 세상을 밝히는 빛
이 얼마나 놀라운 빛인가

은하수 무리 우주를 흘러
흩어지는 별들의 향연처럼
노란빛 작은 별님들
밤하늘 성운처럼 피어올라
창공을 나는 기러기 떼 수놓듯
온 세상이 샛노랗게 물든다

가슴 벅찬 꿈 만개하여
밤마다 은하수 올라가서
부푼 꿈 부리로 쪼며
그 옛날 꿈 속에서 보았던
네 조각 꽃잎

겨울을 밟고 피워낸 별꼴무리
밤새 맺힌 이슬망울에
아침마다 봄빛을 투영한다.

춘春삼월

겨울 떠난 담벼락
개미집 구멍만 덩그러니

봄 햇살 먹는 밭고랑
온종일 트림하는 소리

지렁이 움틀 꿈틀
새싹 밟는 몸 사래

쉬어가는 춘삼월 바람이
청솔가지에 걸터앉았네.

진달래

가지 끝에 걸린 찬 기운을
훌훌 털어버린 아침나절
봄바람에 진달래가 피었구나

눈 속 겨울잠 깨어나서
잘 영근 그리움이 열매 맺듯
가지에 눈망울이 올망졸망하다

겨울 보낸 딱따구리
나무둥치에 봄 새기듯
겨울 이긴 분홍빛 사랑
눈 속에서 피어난다

풀잎에 맺힌 이슬방울이
햇살 머금는 아침나절
봄바람에 진달래가 피었구나.

홍매화

겨우내 북풍한설
길고도 길었구나
가지 타고 흐르는 봄
꽃 입술에 수액이 가득하다

새까만 가지마다
잠든 눈 조롱조롱
새벽 오길 기다려
찢기는 살갗이 붉어라

겨우내 막혔던 소리 벽 사이
숨어 살던 어둠이 문을 열면
살포시 고개 내민 꽃봉오리
수줍은 듯 앞가슴 풀어헤친다

몸 푸는 가지 틈새
새벽 달빛 찾아들면
젖가슴 품은 꽃잎
아가처럼 뽀얀 이슬 먹는다.

유리 벽

어느 날
숲 한 켠에 찬바람이 몰아치자
안개 품은 새벽이 울어대고
길 잃은 철새 한 마리 죽었다
시베리아 한기 탓일까
창가엔 성애가 피었고
시시각각 변하는 일상들은
모두 유리 벽 바깥 세상일이었다

어느 날
굳게 닫힌 벽에 부딪혀
맑고 밝게 빛나는 생각들이
마음의 창을 두드리고 있었다
보이지 않는 또 다른 세상 속
흘러간 그 옛날 이야기들은
모두 유리 벽 안쪽 세상일이었다

겹겹이 쌓여가는 글
생각의 중립지역엔
언제나 맑은 하늘이 오가지만
세상의 경계에는
깨뜨리지 못할 유리 벽이 있었다

어느 날
우리는 이산가족이 되어
유리 벽에 면회를 간다.

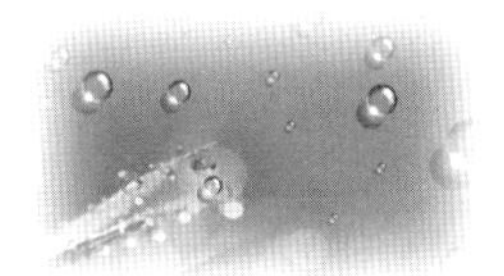

빈 들

푸름이 아우성이던 들녘
적막한 바람에 쓸려가니
늦가을 석양만 한 아름이구나

바람 머물지 않는 땅
한 줌씩 혼이 패이고
한겨울 풀뿌리 잠 못 들면
논배미에 허수아비 슬피 우네

햇무리 엉금엉금 기어올라
갈라진 논바닥에 드러눕고
목마른 대지에 이슬 내려
이른 아침 햇살에 반짝이네

누런 잎들 논두렁에 누워
텅 빈 가을 하늘 아래
찬 바람이 우수수 떨어지네.

나의 길

땅거미 지는 저 산 너머로
내가 가야 할 길도 있다네
산길 험하고 어둠이 몰려와도
여기서 그 걸음 멈출 수 없다네

까만 밤배 없는 등대야
적막한 항구 저 바다 건너로
내 길도 알려다오
갈바람 타고 바닷길 누벼야지
고난도 좌절도 그 배에 실어가리라

먼 길 돌아가는 외로운 방랑자여
그 마음 나도 안다네
아~ 걸어온 길 되돌아보니
어느덧 반백을 넘겼다네

까만 밤배 없는 등대야
적막한 항구 저 바다 건너로
내 길도 알려다오
갈바람 타고 바닷길 누벼야지
고난도 좌절도 그 배에 실어가리라.

칡덩굴

그대는
누굴 그리 원망해서
엄금엄금 세상을 기어올라
상처를 덮어버렸나요

과하지 않게 서서히
족적마다 잎을 뉘이고
내딛는 발걸음 사뿐히
봄 빛이 온 산에 퍼졌다

쓸모없는 것이라
외면 받은 공간으로
철저하게 내버려진 채
갈라진 틈새로
여름을 짓이겨 넣어
보란 듯이 땅을 출렁였다

연약했던 줄기
힘센 동아줄로 계절을 묶어
마침내 온 세상을 덮어버렸다.

분수

하늘 향해 내 던지는 자유
물방울 흩날리며
울부짖는 물방울은
아름다운 증거다

호랑이가 세상을 포효하듯
물 한줄기 하늘로 솟아올라
산산이 부서지며
마지막인 듯 처절하게 산화한다

활화산처럼 솟아올라
폭포처럼 쏟아지는
원점으로 돌아가는 세상
분수의 본능은
자유낙하인가 보다

고통의 저변을 짓밟으며
압박을 노래하는 분수
산산이 부서지며
세상을 향해 소리치고 있다.

아내 통장

바람같이 구름같이
곁에 있든 없든 한결같이
신앙이 함께하는 사람

줄줄 흘리는 낭비에도
따라다니며 거둬들이는
언제나 신용카드 같은 사람

젊어 그어놓는 외상값
늙어 이자 늘어 힘들 때도
언제나 사랑을 결재하는 사람

아내는 평생 내 은행
나 먼저 세상 등지는 날 오면
그녀 통장에 내 빚은 얼마쯤일까.

사막

한 그루 나무를 심으련다
물기 마른 저 사막에

모래 알갱이 삶을 잃어
세상은 모두 하늘과 바람과
모래무더기뿐이다

생명 없는 사막에
맨몸으로 뿌리내려
한 그루 나무라도 되련다

어찌 될 줄 알면서도
흔하디 흔하게 사느니
어리석지 않게
견디다 말라버린 가지로 남으리라

그저 세상은
하늘과 바람과 모래무더기뿐이라는
옛날 얘기 전해주는 바보가 되리라.

의식의 경계

간절한 목소리여
아무에게도 들리지 않는가
네가 사라져 가는 소리가

흐린 동공에 세상이 뿌옇다
흐리고 비 내리는 얼굴
그런 모습은 오늘 아침 처음이야

잠들어 맞이하는 세상
꿈속을 유영하며
살짝 의식이 경계를 넘어간다

영혼을 정리하는 시간
흐려지는 눈동자여
세상이 그래도 아름답다

뒤를 두고 앞서 가는 발자국
천천히 그리고 빠르게
하나씩 흔적을 지운다

네 몸이 뿜는 이야기
우리가 헤어지던 날
그 날 아침은
비도 내렸고 의식도 지워졌다
너는…….

용서

다 커버린 나의 온실에
용서란 씨앗을 뿌린 적 없기에
그 나이 먹도록 마음 속에는
한 그루 장미꽃도 자라지 않았습니다
물 한 모금 준 적 없기에
용서는 태동조차 하지 않았습니다

평온을 잃어버린 날들 가운데
사라져버린 옛일들이
장미의 화려한 날들 뒤켠에서
가시로 박혀 있음을 압니다

이기적인 마음으로 포장한 자신을
이제는 당신 앞에 풀어놓고
용서가 싹틀 씨앗을 뿌립니다
세월에 박힌 가시에
다시 꽃 피우는 장미를 보렵니다.

돌탑

바람이 솔잎을 떨구듯
마음이 돌탑에 머무는 것은
세상을 향한 손짓이기에

피할 수 없는 인연이었던 듯
세상에 나뒹굴던 돌무더기
어느 날 돌탑으로 모였다

거친 몸이 돌탑이 되어가듯
달빛 아래 고개 숙인 그림자 하나
새벽 오기까지 밤새 기도하였다

부서진 웃음 한 조각 세상에 돌려주고
스며든 눈물 한 방울 가슴에 묻어
아침엔 가슴의 멍에가 돌탑이 되었다.

돛단배

해 떠오르는 수평선 너머
스스로 정했던 그 길로
유영하던 돛단배가
바람 따라 흘러간다

두 팔로 순풍을 끌어안고
온몸으로 역풍을 맞으며
홀로 결심했던 그 길로
인생이 흘러간다

폭풍우에 돛이 찢기고
격랑에 온몸이 헤져도
해가 솟는 그곳으로
돛단배는 나아간다.

외줄 타기

씨눈이 발아하여
쭉정이가 되는 그 순간까지
세상이란 놀이판에
외줄 타기가 시작된다

새싹에서 낙엽까지
세월은 돌고 또 돌아
거리에 나뒹구는 주검마다
삶은 외줄 밟기라네

북 장단 맞추어
합죽선 날갯짓 훨훨
세련된 발걸음 하늘로 날더니
줄꾼이 허공으로 뛰어오른다

먼 길 떠나는
길라잡이 광대여
발끝에 외줄 부여잡고
스스로 내딛는 발걸음마다
인생은 외줄 타기라네.

잠을 깨노라

별 한 줌 가슴에 주워담던 날
나뭇잎 떨어지는 소리에 잠을 깨노라

어두웠던 날 아렸던 멍에가
지난밤 하얀 눈에 덮였구나

참 그립다
그 소녀는 어디로 가버렸는지
그 소년은 어디로 숨었는지

가슴 속 되살아나는 소중한 보물
아련히 여린 추억들이 그리워라

별 한 줌 가슴에 주워담던 날
나뭇잎 떨어지는 소리에 잠을 깨노라.

방랑자의 詩

누구나 걸어가는 그 길
왜 혼자만 힘들다 여긴 걸까
해는 저물어 가는 데
한 몸 쉴 곳 없어 그랬나 보다

언제나 혼자서 걷는 길
끝없는 방황 속 외로움을 껴안고
무거운 발걸음을 내딛는다

세상 떠돌다 보니
강물은 언제나 변함없이 흐르고
절개 없는 바람이 끼를 부려도
멀리 새벽 오는 소리는 들어야지

발길 가는 대로
물길 흘러가는 대로
홀연히 먼지처럼 사라질 생명 하나
글 써지는 대로
그저 한 몸 내맡기려나 보다.

복어 명상

유리 벽 사이 고슴도치
봐 주는 이 하나 없어도
어슬렁어슬렁
곰보다 느리구나

뺏다간 채우고
채웠다간 비우는 광대노름
잠수함인가, 애드벌룬인가

세상 비밀 다 가진 듯
땡 그라니 눈알만 데굴데굴
알 수 없는 그 속내
대체 뭐가 들었을까

말풍선 매단 빰에
아가미는 실룩샐룩
입술은 뭐라고 중얼중얼
완전무장 배불대기야
네가 바로 복어로구나.

낙조

석양머리 낙조는
한평생 구름 뒤에 서성이다
산 그늘에 설렜구나

석양머리 낙조는
멀리 서녘 하늘 물들여
산 노을이 되었구나

석양머리 낙조는
하늘에 스며드는 그리움
끝이 아닌 시작으로
언제나 인생은 불타는 석양이어라

지난 밤 꿈에 본 듯
어둔 하늘에 걸린
낙조의 붉은 몸짓
나의 하늘이 붉게 물드는구나.

1) 낙조: 지는 햇빛
2) 석양머리: 석양이 비치기 시작하는 바로 그 무렵
3) 노을: 해가 뜨거나 지려고 할 때에 하늘이 햇빛을 받아 붉게 보이는 현상

작은 울림

칠 개월 만에 세상에 나온
아직 덜 영근 몸
들릴 듯 작은 울림
감은 눈 속엔 엄마가 있다

죽음의 사선을 넘나들던
심장을 떠난 붉은 피가
되돌아오는 순간마다
호흡은 다시 생명을 이어간다

세상을 만나
어둠 속을 헤맸어도
너의 마지막 모습이
얼마나 아름다웠는지를

혈액이 줄어들고
맥박소리 가늘어지던 날
어이~ 울음 없는 천사가 되었는가
작은 울림은 여전한데.

별빛 연가

하얀 소복 입은 달 그림자
처마 끝에 서성였던 날
아가는 모른다
하늘 별로 어매 떠난 것을

보채는 아가에게
별빛이 문지방 넘나들며
연가를 불러주었지

별빛이 대청마루에 걸터앉아
사립문 지키는 밤
울다 지친 꼬맹이는 잠이 들었다

댓돌에 서성이던 별빛이
아궁이에 불을 지피던 날
아가는 모른다
엄마가 어디로 갔는지를.

이정표

참 오랫동안 서 있었구나
인생이란 갈래 길에서 말이다
“이리 가슈, 저리 가슈”
한 평생 장승처럼 그렇게 말이다

푸른 숲에도
깊은 산 중에도
누구도 못 가본 그 길에도
이정표가 서 있다

누구든 다 갔던 그 길인데
갈래 길은 언제나 망설임이다
수수께기 푸는 아이처럼
이정표가 묻고 있다

참 오랫동안 서 있어야겠구나
누구든 인생을 물어온다면
“이리 가슈, 저리 가슈”
한 평생 운명처럼 그렇게 말하리다.

제2부

우체통

우체통

감잎차 향이 무르익는 밤
언제나 그리움 가득 담아
밤새워 편지를 쓰고 있어요
마음은 벌써 문을 열고
우체통으로 달려가지요

헤즐렛 커피 향 즐기는 밤
차곡차곡 깨알 글이 모여
미소 짓는 얼굴을 만들지요
꿈속에 띄어 보낸 편지가
우체통에 수북이 쌓여있어요

달빛이 친구 되어 주는 밤
혼자서 안쓰러운 빨간 우체통
부치기만 하는 편지가
얼마나 간절한지
이 밤이 어찌 그리 긴지를요.

호롱불

칠흑 어둠 속 두메산골
날름대는 호롱불 아래
새끼줄 똬리 틀고 누운
밥상머리 그림자 하나

달빛조차 어두운 초가집
까물거리는 호롱불 아래
바느질하는 그림자 하나

벙어리 삼 년 귀머거리 삼 년
그림자로 사는 인생
달빛 울고 또 우나니.

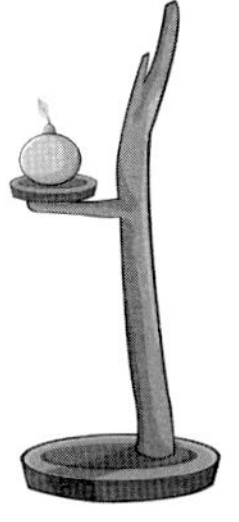

워낭소리

할아비 기억 속 워낭소리
그믐밤 소 발굽 저승길 따라가니
지붕 위 핫바지 슬프고야

서천西天 조각달 이지러져
마구간 워낭 징징 울어대고
주인 없는 물밥은 누가 먹나

저승으로 옮기던 발걸음
들리지 않는 울음소리에
주인 잃은 워낭 또다시 징징대는구나.

허수아비

습습히 부는 늦가을 들녘
알곡 찾는 참새떼 쫓으려
허수아비는 벙거지 삐뚜름히 씌고
참새 쫓는 깡통소리 훠이훠이

아무렴 어떠랴! 비 오는 들녘
쓰레하니 논배미에
까까머리 나락 밑둥치가
가을비에 후줄근하다

언젠가 다시 서는 그 날 위해
모두가 떠난 빈 자리에 홀로 남아
다 낡은 모자 하나로도
이 겨울을 이겨내리라.

• 허아비: 주로 곡식을 축내는 새나 짐승 따위를 막으려고 막대기와 짚 따위로 사람 모양을 만들어 논밭에 세워 놓는 물건
• 습습히: 바람이 부는 것이 사느랗고 부드럽게
• 쓰레하니: 쓰러질 것처럼 한쪽으로 기울어진 상태
• 후줄근히: 약간 젖어 추레하게
• 까까머리: 중처럼 빡빡 깎은 머리
• 논배미: 논두렁으로 둘러싸여 다른 논과 구분되는 논의 하나하나의 구역

물레질

숭얼숭얼 눈물 떨구며
댕기 머리 말아 올리던 날
쪽 머리는 어찌 그리 무겁던지

등잔 밑 물레질 소리
밤새 붕붕 울다 잠들면
문가에 스며든 달빛 그림자가
남몰래 물레 잣는구나

동지섣달 긴긴 밤
댓돌에 놓인 신발 한 짝
주인 없어 설운 밤
제삿날은 언제인고

빈집에 홀로 앉아
돌리고 돌려도 빈 물레질이여
기다림에 지친 아낙이
새벽녘 홀로 잠드누나.

귀몽

밤마다 찾아오는 귀몽
꿈길이 열리던 날 밤
내 마음속 깊이 가꾼 땅에
새싹을 틔웠더니
밤을 이긴 새벽 여명이
제 것인 양 그리 앗아가니
언제나 빈손뿐인 귀몽
그러길래
잠이라도 깨지 말걸.

귀몽: 고향으로 돌아가는 꿈을 꿈

다듬이질

달빛 시린 계절
다듬이질 소리에
깜박이는 별빛 무리
무릎으로 떨어진다

설마하니
다듬잇돌 깨지랴
두드려라
이 밤 부서지도록

설마하니
시집살이 쫓겨나랴
두드려라
그 외로움 삭도록

설마하니
방망이 부러지랴
두드려라
거친 세월 펴지도록

달빛 흐린 밤에
다듬이질 우는 소리
별빛은 알아주리라
왜 그리도 아팠는지를.

동강 할미꽃

이른 아침 동강 물에
산들이 얼굴을 씻고
나뭇잎 떠드는 소리에
할미꽃이 잠을 깬다

겨우내 잠들었던 바위가
하품하며 잠을 깨는 봄날
바위 틈새로 피어난 할미꽃이
봄비에 멱을 감는구나

아스라히 절벽 끝에 매달려
누굴 그리도 부르짖고 싶었는지
뭘 그리고 찾고 싶었는지
절벽 아래 세상을 내려다본다

늦은 저녁 동강 물에
검은 산들이 얼굴을 묻고
바위 틈새로 달빛이 고이면
할미꽃은 잠을 잔다.

가오리연

바람이 거세게 불던 날
가오리 하늘을 날고파서
바다마저 버리고
연이 되었나

보름 달빛 걸어오던 날
가오리 하늘로 올라가더니
얼래 실 따라
영영 천국으로 가버렸나

머언 먼 하늘길 열어주던 날
남몰래 바람도 저리 울었거늘
그리운 네 님에게로
훨훨 날아가거라.

솔잎

하나같이 몰라주는 세상
혼자서 기다리는 외로움에
가끔은 눈물도 훔쳤지요

이젠 늙었다고
젊은 그들에게로
다가갈 용기가 없었지요

겨울 이긴 솔잎처럼
온통 생채기 난 몸을 추스르기에는
마음만 아팠지요

끓던 열정 어디 가고
못다 한 미련이 후회되어
스스로 바보가 되어버려요

바다색이 지겨운 갈매기 떼가
짙은 솔숲에 날아들 듯
삶이 힘겨운 젊은 청춘들이
가끔은 일탈을 꿈꾸어요.

낙수

세상 가운데 떠돌던 풍진이
어느 가난한 지붕에 내려앉았다

천 년을 하루같이
지상으로 자유가 떨어지고
댓돌엔 낙숫물이 고였다

무심코 떨어지는 듯해도
천 년을 이어온 물방울들이
바위를 뚫었구나

말 없는 댓돌에
무수히 그토록 떨어졌어도
풍진의 그 이름 석 자
거기 그 자리에
비석 하나 세우련다.

말 친구

예정하고 만났던 건 아니었지만
햇빛 스치는 창가에
늘 보던 그 친구는 그 찻잔에 있었다

찻잔 속 둥근 달을 마시면
다시 시작되는 우리의 만남
설렘은 그렇게 무르익었다

처음엔 그냥 낯선 달로 만났지만
익숙한 피아노 악보처럼
어느새 말 친구가 되어버렸다

예정하고 이별한 건 아니었지만
햇빛 스치는 창가는 변함이 없는데
늘 있던 그 친구는 찻잔에 없었다.

장독대

지난겨울 모진 바람에
장승처럼 펑펑 울던 담벼락이
볕을 모으는 오후
겨우내 꽁꽁 얼었던 장독대에
풍성하게 봄빛이 떨어진다

나른한 오후
땅을 달구는 햇살에
아지랑이가 유령처럼 이글거리고
오지그릇 수다 떠는 소리에
맨드라미는 슬며시 귀 기울인다

샐기죽 비뚤어진 뚜껑 사이로
고개 내미는 숯덩이가
세상 구경하던 날
앙그러진 항아리마다
맛있게 봄이 익어있었다.

• 오지그릇: 붉은 진흙으로 만들어 볕에 말리거나 약간 구운 다음에 오짓물을 입혀 다시 구운 질그릇.
• 샐기죽: 약간 작은 물체가 한쪽으로 조금 비뚤어지거나 기울어지는 모양을 나타내는 말
• 앙그러진: 모여 있는 모양이 잘 어울려서 보기 좋은.

두레박

깊은 우물로 두레박 내려서
어둠에 갇혔던 날들은 내려두고
아름다운 추억들만 퍼 올린다

우물로 내려간 하늘에
둥둥 떠 있는 별들을 건져 내어
시린 가슴에 하나씩 담는다

쉼 없이 두레박 드리우고
잊혀진 글들을 퍼 올려서
헝클어진 인생을 각색한다.

원두막

저녁 같은 아침
여우비에 안개 무리 물러가고
성큼성큼 걸어오던 원두막

하늘 개어 쨍쨍한 오후
원두막 아래 낮잠 자던
내 추억 속 보금자리

귀신 나오는 어스름 달밤
수박 서리 당하는 줄도 모르고
쿨쿨 잠만 자던 원두막.

홍시 연정

어둠 찾아든 한적한 시골집
허물어진 담장엔 늦가을 깊어가고
교교한 달빛이 홍시에 물들면
감나무는 까치밥 주길 기다린다

이지렁스런 달빛이
구름 밀쳐내고
밤새 서리에 몸을 떨면
홍시엔 하얗게 분이 발린다

밤바람 매서운 장독대에
떨어지는 마지막 감 잎 하나
흰 눈 쌓인 겨울 감나무는
홍시 하나 매달고 섰다.

• 이지렁스런: 능청맞고 천연스러운 데가 있게
• 교교한: 매우 맑고 밝은

통의동 백송

삼백 년 세월 나이테로 남아
역사의 흥망성쇠 겹겹이 기록하니
과히 죽어서야 그 골품을 알겠구나

추사秋事의 강직함을 닮았던지
바람에 할퀴고 벼락 치던 날
갈기갈기 찢겨져 쓰러졌다네

오호통제라! 통의동 백송이여
천수를 다한 걸까
갈바람 휘어잡던 솔가지도
일가화 튼 자화수 웅화수도
힘겹게 일어나 다시 푸른 솔잎 돋았건만
인간의 욕심이 죽음으로 몰았다네

얼룩진 풍진 세월
밑둥치뿐인 무덤가엔
이젠 어린 백송 네 그루가
그 곁엔 머무나니.

초가삼간

해거름 외딴 산마을이
여덟 자 병풍에 들어앉았네
서산 흰 달 내려와
초가지붕에 박을 낳고 있네

하늘 한 짐 부려놓고
하얀 연기 병풍을 데우니
굴뚝 연기 뜨거워라
아궁이는 저녁을 짓네

병풍 흔들리는 소리에
이야기 보따리 풀리고
방안 가득 웃음꽃 피어날 제
고양이 한 마리 귀동냥하네

달밤 외딴 초가집
호롱불 꺼질 줄 모르고
여덟 자 병풍에
올빼미가 들어앉아 있네.

하루

새벽 여명이 울린다
아침은 연인과의 만남
산이 우려내는 빛깔이
새벽마다 가슴으로 스며온다

여명이 밀려오면
어리석은 어제는 사라지고
잠 깨기 전 스치는 시간이
나를 나 아니게 보게 하지

하루를 쪼개어
노을진 저녁 하늘색을
나의 그들에게 나눠준다

말끔히 치워도
남아있는 하루의 흔적
매일 어둠을 만나는 설렘에
작별은 작별이 아닌 게 되지

내일을 쪼개어
맑은 아침 하늘색을
나의 그들과 나누길 기도한다.

성황당

동천이 어둠 데려와서
차가운 돌무덤 매만지는데
마을 입구 성황당엔
보름달 밝아서 푸르구나

성황당에 머문 발걸음
모든 세상 소원 빌고 빌어
오색 천 두른 키다리 장승이
무병장수 굿을 하네

치성 올리는 그 손길에
자손만대 무병장수
성황당 고목에 전설을 묻어
마을 근심 사라졌네

옛정서 미신처럼 치부해도
마을 어른 지나는 길에
기도 한 번 절 한 번
성황당엔 백설이 고요하네.

가로수 길가에서

낙엽 떨어져 가을이 떠나면
아침햇살 먹구름에 지우고
가을하늘 잃어버린 추억에
이별 그자리 비에 젖네

가로수 길 낙엽 떨어지면
못다한 사랑 슬픈 그 언저리
다시는 그길 찾지 않겠노라고
옛날에 그 옛날에
우리가 맹세한 삶의 의미
기억하리라 다짐했던 순정을

설렘 가득한 가로수 길에서
무작정 걷던 그 길가에서

삶의 의미를 기억하리라
너를 잊는 그 순간까지.

작은 연못

너의 연못
그 연못은 클 줄만 알았는데

왜 진작 몰랐을까
그림 동화책에 그려진
내 마음속 작은 연못을

지난밤 내린 안개비에
수양버들 머리 풀어헤치면
연잎 사이로 올챙이 놀라 도망가고

연꽃의 사랑
그 사랑은 예쁠 줄만 알았는데

왜 진작 못 몰랐을까
그림 동화책에 핀
내 마음속 예쁜 수련을

어느 날 밤 꿈
하얀 연꽃 하나 피어나면
너의 작은 연못엔
산 새 한 마리 나를 부르고.

봄날이 왔네

이별의 계절
애정 없던 겨울이
서걱이는 바람 소리로
폐부에 스며드네

동면의 계절
누런 잎 부질없이 뒹굴고
지난겨울의 흔적은
새봄과 입맞춤하네

어둠의 계절
어둠에 잠들었던 풀뿌리는
초유를 그리는 아기같이
새싹 입술로 땅을 헤집네

생명의 계절
목말랐던 대지에
봄비 촉촉이 젖어들고
엄마 품에 잠든 어느 봄날
내겐 그 하루가 그리도 그립다.

황사

어쩜 좋아요
지구가 병이 났어요
마름 기침 한 번에 누런 황사가
세상을 덮었어요
찡그린 햇살이 구름에 묻혀
세상이 어두워요

인간들 하는 짓에
지구가 병들어 가요
지구가 진폐 환자가 되었어요
숨을 못 쉬어요
거대한 기침 한 번에
사막이 하늘로 올라가요

가슴이 사막이 되어가요
거침 호흡과 마름 기침
더운 열기에 창을 열지만
누런 황사에 숨을 못 쉬어요

맑은 하늘 아래
우리가 사는 이 땅
다 같이
마른 사막에
한 그루 나무를 심어요.

봄비 내리고

겨울 한기 걷어내고
폐쇄된 가슴을 여는 봄

사랑이 얼어 동면하던 나뭇가지
봄비에 눈을 터고
여린 연둣빛이 반짝인다

바람 잔잔한 오후
구름 뒤집어쓴 하늘
부끄러워 남몰래
봄비가 아가처럼 내린다

허기진 대지에
젖병 물리듯 봄비가 내린다.

제3부

빈털터리

여름 산

여름 산 푸른 옷으로
풍덩 호숫가에 몸 담그면
물빛이 파랗게 물든다

여름 산 바지 차림으로
첨벙 호숫가에 발 담그면
바람도 따라서 물장구친다

여름 호수 명경 같고
하얀 솜털 구름 옷을 벗으면
하늘 덩달아 멱을 감는다

저녁 무렵 여름 산 잎을 접고
둥지에 산새들 깃털 내리면
달빛이 푸르게 반짝인다

한여름 별 밤
안개가 꿈 속에 잠들면
밤마다 여름산을 찾아간다.

첫눈 명상

누군가를 좋아했던 그 날
하늘이 하얗게 내려앉아
가슴에 사륵사륵 쌓였고
처음으로 마음 설랬다

사춘기 격동의 그 날
시끄러운 세상이 싫어서
날마다 마음의 허상을
첫눈 속에 묻었다.

기억이 늙어버린 그 날
하늘이 구름가루 털어내어
땅 위에 고요가 쌓였고
오랜만에 세상이 조용해졌다.

생인손

연두빛 여물어
황포 쌓인 껍질이 터졌구나
완두콩 그 꼬투리 빌어왔듯
생명의 강을 건너온
기쁜 울음이었는데

신음하는 병동
푸른 청춘 널처럼 누웠으니
산소 없는 바닷속을 유영하듯
그 영혼 어디 두고 헤매느뇨

유리 벽 사이 엄마의 울림
의식이 무의식을 따라가고
영혼이 생사를 넘나든다

붉은 핏방울 뚝뚝
살을 베듯 아픈 모성이여
아가야 일어나렴
어서 일어나려무나
아~ 이젠 깰 때도 되질 않았느냐
넌 엄마의 생인손이야.

• 황포: 예전에, 임금이 예복으로 입는 누른 색깔의 곤룡포를 이르던 말.

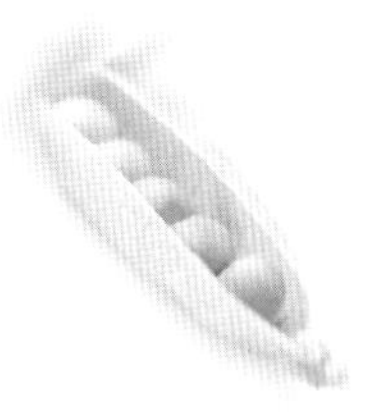

우산

내 가슴은 젖은 우산
맑은 날 햇볕에 말린다

우울한 비 오던 날
작은 우산 하나
그대 가슴에 펼치려니
그댄 보이지 않아

내 가슴 펼치는 날
설렘 가득 담아
혼자만의 상상으로
그런 것이라면 짧아도 좋더라.

대나무

네가 떠나간 후론
떠다니는 세상 한 가운데
네 기억이 오롯이 잠만 잔다

살 애는 겨울 찾아와도
꺾일 줄 모르는 대나무는
날마다 푸른 잎새 손짓하는데
너의 흔적은 어디로 사라졌는가

연약한 죽순이
굵은 마디로 보폭을 넓히고
대나무 땅 속 나이만큼
다시 일어서는 그 때
보이지 않은 세상을 향해
내 안의 너를 찾아가리라.

발톱

길 아닌 길도 걷는
발등에 얹힌 발톱 인생
세상 밖을 걸어갔다

온종일 길 누비다 돌아와
남을 위해 사는 발톱 인생
세상 안에서 잠을 잤다

발톱에 뜬 반달
드러내지 않는 만큼
세상을 비췄다

딱딱한 뿔 다듬는 날
새순 나듯 발톱이 웃고 있었다.

석양

벌거벗은 하늘 문으로
시한부 허수아비 숨 떨어지듯
머리를 들이미는 불덩이

교회당 종소리 땅거미 알리고
다 살아버린 노인네 등처럼
산골짜기 나무들 잎을 내리네

커튼 드리우는 어둠 속으로
붉은 노을 꺼져갈 때
허연 달빛 바람에 휘날리네.

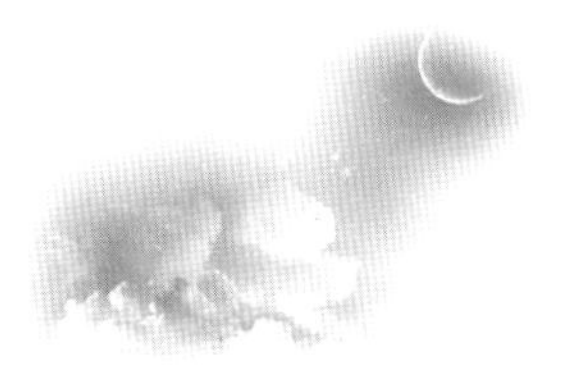

첫사랑

처음으로 누군가에 포로가 되던 날
날숨보다 들숨이 더 잦던 설렘
옷고름 뛰던 가슴 어쩌지 못해
처음으로 나 아닌 사람이 그리웠다

다가서기 힘든 벽으로 다가오던 날
애써 아닌 척 열두 살짜리 소년에겐
주제를 벗어난 공허한 메아리일 뿐
가슴속 깊이 잠 자고 있던 건 뭐였던가

품어서는 안될 것을 품은 듯
몰래 몰래 세월 뒤에 숨겼다가
참 오랜만에 뒤져 보는 실루엣
그 사람도 그랬을까 나처럼
그런 수줍은 첫사랑을 두고.

장작불

무서워 피하던 세파도
도끼질에 아팠던 기억들조차
유골로 남아 잘게 쪼개졌다

순번을 기다렸던 초조함에
제 살을 태워 슬퍼하는 인생들이
기꺼이 연기로 날아간다

배고파 입 벌린 아궁이
가마솥 아래 인생들이
연기처럼 사라진다

스스로 불을 끼얹는 장작불
한 줌 재가 되어도
잠시 이 세상에 머물렀음이 기쁨이다.

소주 애증

애초에 너는 누구였니
네가 태어난 곳으로 발길을 옮긴다
하필이면 독한 술이 되어야 했던
너를 보려 한다

물처럼 맑디 맑던 너
소리 없이 스며들어
달아오르는 의식의 한계
언제나 마지막엔 술독이 되는구나

언제나 다정한 친구
거부할 수 없는 파란 소주병
너는 영원한 나의 아바타인가

처음 한 잔
늘어가는 목 넘김에
내가 나를 잃어가는 동안
소주가 되어버리는 또 다른 나
끊을 수 없는 애증의 주사로구나.

담배

뜨거운 태양 아래
엳은 새싹으로 태어나
예쁘게 커야 한다며
세상에 온갖 흉물은 다 받아먹고
맵시 좋은 엽궐련이 되었구나

쉽게 주고받는 인심
밥 먹듯 먹어 치우는 일
한 모금 두 모금
시간을 갉아먹고 있다

금단의 섬
파도엔 하얀 꽃이 만발하고
존재를 잃어버리는 순간까지
세상은 그들이 지배한다.

양주예찬

잡티 뿌리치고 튀어 오른 영혼
안개인 듯 구름인 듯
뭉쳐 맺힌 투명한 엑기스여라

거추장스런 저 세계에 피어올라
한 톨 알곡이 눈물이 될 때까지
거푸집 허물로 탄생한 너

세상을 뛰쳐나온 설익은 몸매였건만
또다시 참나무통 속 어둠에 갇혀
참선하듯 단련했던 너

오로지 잡념은 걷어내고
향과 맛으로 탄생되는 그날을 위해
조금씩 또 조금씩 세월을 쌓아
어른이 되어가던 너

세상 앞에 당당한 몸매
새색시 뺨 같은 빛깔로
양주병은 웨딩드레스로구나
시집을 가는 맑은 영혼
갈고 닦은 그 몸매를 품으려 한다

몸이 예뻐서
타고난 DNA가 달라서
그렇게 태생이 귀했구나
목 넘김에 하나 되는 바람의 씨앗
너는 그렇게 영혼에 녹아드는구나.

스트레스

일상이 힘들어 몸 누일 때마다
언제나 마음은 주름 돗자리
두 팔로 뜬구름 껴안으면
나는 물렁물렁한 공이 돼버려요

가슴 찢어지는 그 순간마다
소리 없이 찾아오는 쓰라림
모양도 없는 것이 어이 그리 뾰족한가
소리도 없는 것이 어찌 그리 들리는가

불현듯 찾아와 말벗 하자던 너
적당히 가까우면 친할 수도 있는 너
반가운 손님으로 오려거든
스트레스는 내려놓고 오시오.

가난

배고픈 소년에게
강물은 느릿느릿 기어가고
땅거미는 굶주린 배를 끌어안는다
송기 벗기는 허연 이빨에
솔가지 기꺼이 팔을 뻗는다

맨발 익는 소녀에게
하늘은 비 한 톨 내려 주지 않고
갈라진 땅끝에 목숨이 죽어간다
살갗 태우는 살인 더위에
야생초 기꺼이 잎사귀 내려놓는다

보릿고개 넘어
이맛살에 밭고랑 일구어
그렇게 가난을 삶아 먹었지

한 세월 뒷걸음질
그런 가난도 있었다오.

말 벗

평생을 같이하고도
늘 같이 못하는 그 이름
말 벗
정의 되지 않는 말
소심함에 갇혀
마음이 아픈 우리가
말 벗인 건 맞는가

선 긋는 일이 잦아
길거리 헤매다
간밤 무서리에
잎을 떨구듯 눈물이 흐르네

뭔가 간직하기엔
제 옷걸이가 아닌 듯
삶을 논하기엔
그 흔한 성격차인가

평생을 같이하고도
못 불렀던 그 이름
말 벗
정의 해서는 안 되는 말
따지지 않는 이유로
마음이 하나인 우리가
그저 말 벗인 게지

이별노트

사랑이기보다는
마음 담긴 말 벗이고 싶다
겉멋에 취한 친구이기보다는
진정성이 먼저라네

내가 네게 줄 수 있는 게
한낱 조그만 몇 마디 말 뿐이래도
넌 나에게 작은 희망이다

어두워 희미한 인연이지만
끊을 수 없는 필연이고 싶다
세월이 끊겨 작별의 순간이 오면
아름다운 이별노트이고 싶다

남과 남으로 만나
작별은 언젠가 오는 거겠지만
언제나 재회의 꿈은 가지자

이제 욕심은 그만
혼자서 부리는 아집이 아니라
항상 같이 할 수 있는 우리가 되자

기다림은 싫지만 만남은 즐겁고
기대는 욕심이지만 인내는 즐거움이니

내가 또다시 너를 만나면
이별노트는 그 때 줄게
그럴 때 우리의 의미는 자유이니까.

눈썹

이마를 떠난 눈썹을 하늘에 걸었더니
어느새 하얀 달이 되었다
이따금 안식이 그리운 눈썹이
유랑하는 쪽배 돛에 내려앉았다
풍랑에 내맡기는 몸짓 따라
눈썹 가지가 노를 저었다

처음 겪어보는 시간여행
나의 눈썹이 세상을 유랑한다
시간에 잎을 엮어 나아갈 즈음
가끔 지겨움에 일탈이 생각났다
불 같은 열정이 뿜어져 나오고
이마에 붙은 새가 훨훨 날아갔다

갑작스런 그 일에 심장이 놀라
갇힌 골방에서 홀로 글을 썼다
누군가 문이라도 열까 봐
문고리엔 냉기가 서려있었다
눈썹을 날려보낸 그 때
집 떠난 새를 기다렸다

밤새 앓은 마음앓이가
밤하늘 눈썹달이 되었다
시간에 지친 새가
날아가다 떨구는 것
일상에 지친 나의 눈썹이
하얀 날갯짓에 떨구는 것
그런 자유가 그리웠다.

병

자신을 잃어버린 푸른 산이 그림이 된 후
실낱 같은 바람에 그림자만 서성이고
주인 잃은 나무는 생의 끝자락에 걸쳐있었다

가끔씩 들숨과 날숨이 교차하고
시간을 잊은 영혼은 어딜 그리 쏘다니는지
밤새 뒤척이다 새벽녘에 눈을 뜨면
마지막 대화 이후로 책갈피엔
검게 타버린 세월이 숯덩이로 남는다
이 사람아, 이 자식아
네 옷자락에 붉고 노란 단풍이 넘실거린다
아~ 푸름 잃은 네 산아.

종이탑

삶의 종이탑에
흘러간 시간을 차곡차곡 쌓는다
나이보단 무겁지만
산보다 높고 무게는 잴 수도 없다

뭘 그리 고민하는지
그의 탑에 스스로를 내려놓고
벗겨진 허물을 하나씩 바라본다

하루란 종이로
관계와 관계를 엮어서
주춧돌을 놓고 기둥을 올린다

하루 하루가 쌓인 종이탑
서른 즘에 오롯이 밟아보는
삶의 무게가 얼마인지
과거가 아침엔 오늘이 되었다.

빈털터리

제 몸 하나 뉘일 곳이 없어
그림자 따라 정처 없이
시침이 가리키는 곳으로
역한 냄새를 내려놓는다

세상 눈초리를 피해
납작 엎디려 맡는 땅 내음
수년째 이러고 있구나

머릿속 셈으로 봄 여름 가을 겨울
빛은 여전히 세기만 하고
공기는 언제나 불규칙해도
변한 건 올랐다가 꺾어지는 인생뿐인가

모았다고 자랑했더니 금세 사라지고
오염된 양심조차 추악하기 그지없더라
빈털터리가 그저 되는 건 아닐지니.

달집

떨궈버리고 싶은 무모한 욕심들
허물이 벗겨지는 모습이 선연하다
못난 기억을 쪽쪽 빨아버리는
붉은 태양이 거머리 같다

점차 불꽃은 거칠어
불새처럼 하늘 높이 날아가니
얼마나 태워야 달이 녹을지
추려진 욕심을 태우고 있다

달덩이를 삼키는 달집이여
그만 미련도 태우고
어설픈 생각도 녹여다오
허상 아닌 네 진상을 보여다오
이제 진정 어른이 되어보려 하니.

걸레인생

그깟 걸레를 입고 벗고 씻고
한평생 걸레 인생이다

눈이 걸레가 되고
귀가 걸레가 되어
나불거린 입이 걸레가 되었다

숨겨도 깨끗해지지 않는 비밀
그건 정말 더러운 걸레다.
아무리 씻고 깨끗한 옷을 걸쳐도
걸레일 뿐

땟국물 줄줄 흐르던 젊은 시절
꾸중물에 담겨 헤매던 자아
그 땐 내가 걸레인줄 몰랐다

걸레는 걸레로 다시 태어나
무언가를 닦고 문지른다
세상에는 그런 걸레가 필요할지니
이젠 멋진 걸레가 되리라.

보리밥

아주 먼 옛날 할아버지 계셨을 때
우리 집 누렁이는 영어囹圄의 몸이 되어
뭔 그리 죄를 지어 고삐에 묶인 삶이었던지
추울세라 마구간에 보리 짚이 이불이었었지

산등성이를 돌아가는 보리 짚단
바지게 위 보리 짚단이 누렇다
촌부가 메고 나른 빈곤의 겉보리
실컷 두들겨 맞고도 멀쩡한
보리쌀은 그렇게 강했다
보릿고개, 높은 고개, 죽도록 배고픈 고개
보리 떡기는 절구통 소리
한 끼 밥 챙기는 저녁을 기다렸다.

섣달 그믐날 밤 살강에
딸그락 딸그락 보리밥 추억
누군가 도둑질을 하고 있었지
생쥐가 갉아 먹은 나의 노트엔
지겹도록 먹었던 보리밥이 쉬어있어

그 옛날 땡깡쟁이 아이는 어디 가고
옛 추억 찾는 늙은 몰골
석양 따라 발길 가는 곳 어디메뇨.

나룻배

강 언덕 홀로 올라 먼 산 바라보니
내 마음에 그리운 강물 흘러라

내 기억 속 놀던 은어 떼
어디로 가버렸나 내 어린 시절아

그 옛날 나룻배에 님 그림자 싣고
물결 따라 내 님도 떠나갔다네

뒷동산 홀로 올라 먼 하늘 바라보니
내 마음에 그리운 구름 떠가네

내 마음 변치 않고 여기 있는데
그 옛날 강나루 어디로 갔나

내 기억 속 뛰놀던 물놀이
어디 갔나 내 어릴 적 친구들아

강 언덕 홀로 올라 먼 산 바라보니
내 마음에 그리운 강물 흘러라

내 마음 변치 않고 여기 있는데
그 옛날 강나루는 어디로 갔나.

터널

거대한 음모가
음흉한 웃음으로 손짓하며
어쩌지 못할 운명이
주인 노릇을 하는 공간,
감정선 맨 위
상실감이 가슴팍을 찔렀다

비겁하게 연명한 목숨이
암흑에 떨어지며
한 조각 빛조차 없는 공간
혼자뿐이란 생각에
가슴에 구멍이 뚫렸다

깊은 나락에 침묵이 두꺼운 벽
내팽개쳐진 어두운 공간
그럼에도 터널은 막히지 않은
나의 탈출구였다

못난이가 버려야 할 시간
이젠 어둠을 걷으며
마음에 레일을 깔고
웅크린 터널에 자유가 달리는
열차를 기다린다.

외톨이

혼자 지새는 밤은 무서운 게 아니다
처절하게 버려져도
그 흔한 공기로 살아있음을
외면하는 그들이 알게 했다

내 여백엔 틈새가 없어
그건 사랑결핍이야
언제나 마음은 닫혀 있어
볕이 스며들 공간이 없다

어둠에 갇혀 시력 잃은 철새
그건 바로 나로 나야
이별한 적도 없는데 난 혼자였다

황망히 바라본 내 모습
거울에 갇힌 정반대의 나
외톨이야!
이제 그만 걸어 나오렴
이젠 매일매일 혼자가 아니어야지
내 곁 또 다른 아침이 있을 테니.

제4부

노예의 미소

선인장

메마른 가슴에
평생을 묻고 살았던 가시
우리는 내가 아닌 남을 찌르고
선인장은 남이 아닌 자신을 찌른다

남들과 다르다는 생각에
사방에 가시를 세우니
누구도 다가오지 않았다

거친 사막에
뿌리 내미는 집념처럼
가끔은 이방인이기도 했다

척박한 인생살이
사막의 오아시스처럼
내 속의 선인장이
어둔 밤 꽃을 피운다.

억새풀

마른 잎 고운 빛깔로
겨울에 항거하여
언 뿌리에 생명을 맡긴다

청아한 달빛 아래
유령 같은 소리로
바람이 그림자를 흔든다

뿌리와 잎새 사이에서
산 자의 쉰 목소리로
억새풀은 저리도 슬피 우는가.

첫눈

가을 끝에 걸린 아쉬움
겨울 하늘의 설렘은
첫눈입니다

가을의 고백
계절이 주고받는 밀어는
첫사랑입니다

겨울나무가 잎새에
다독이며 하는 말이
무척 궁금해졌습니다.

첫눈 오는 풍경에
오랜 친구 만난 듯
혼잣말을 하였습니다

첫눈은
그리운 마음을 채우며
아픔을 어루만집니다

첫눈은
그대의 프러프즈입니다.

생각의 상대성 원리

"행복합니까?" 라고 묻는다
머뭇거림 없이 "네"라고
마음의 깊은 곳이 답한다
세상의 의문은 혼자서 다 가진 듯
가슴에 잠든 감정선이 폭발한다
언제나 자문자답
그 끝은 자기를 내려놓는 식이다

무욕의 행복과 물질의 행복
완성되지 않은 사람들, 또 그런 삶
억지로 포장된 삶은 아닐까
생명을 나눠가진 발자취 따라
내가 멈춰 선 곳을 되돌아본다

더하고 덜함의 차이
그런 상대성이 만든 조그마한 틈새로
생각이 지어내는 내 집밖
"행복합니까?"
"네. 행복합니다.
더는 불행하지 않습니다."

노예의 미소

결국 혼자 남은 것인가
복종 당해서 얻은 삶이 아니라
복종해서 가지는 자유이기에
시간은 만물의 주인이다

선택은 애초에 없는 것
처음부터 순응에 길들여졌나 보다
그리하여 쇠줄에 엮여도 말이 없다
꽈배기 엮이듯 영혼의 씨앗이
저승 꽃으로 피어난다

시간에 길든 나는 노예인가
시간의 뒤켠에 흐느적거리는 미소
강요한 것이 없어도
나의 미소는 끝없이 파호를 친다

존재한다는 것은 살아 숨 쉰다는 것일까
시간은 없는 것을 만들고 없애기도 한다
예고편이 없는 시간의 전진에
아주 작은 점이 되기라도 했으면 좋겠다
오롯이 내가 선택한 길이다

노예의 옷을 벗기고 자유를 꺼내는 미소
그런 미소라면
스스로 노예가 되어 자유를 얻으리라

노예의 미소가 서글프지 않은 이유이다.

생각 나누기

이런들 어쩌리 저런들 어쩌리
그 옛날 이방원의 시처럼
외면했던 기억들
지우려 했던 생각들
홀로 가둔 굴레에 불과했다

오늘은 이렇고 내일은 저렇고
매일 뉴스 시류처럼
맹목적 추종
뜻 없는 행동들
홀로 부린 외고집에 불과했다

밤은 어두워지고 낮은 밝아오고
모든 사람들이 평범히 살아가듯
가까워지는 관계와
멀어지는 관계
더불어 생각 나누기는 사랑이다.

• 시류(時流): 한 시대의 풍조나 유행

디딤돌

엎드려 이기는 삶이다
조연에 만족하는 디딤돌
가슴에 독을 품고
원한처럼 받아내는 삶
모든 죽음이 그림자였다

미완성의 삶이다
울음이 스며든 디딤돌
가슴에 깔린
더 낮게 낮추는 삶
모든 시간은 잠이었다

오랜 잠에서 깨어나
가슴에 신발 한 짝
디딤돌에 올려놓는다.

거미줄 세상

확률 게임으로
덫을 놓고 기다리는 세상
믿는다는 말 그 뒤에
그어놓은 가식
살아남기 위한 몸 무림에
거미줄이 세상을 엮었다

허공의 강태공
거미의 입이 세상을 노린다
한 사람씩 줄에 엮이어
내어주는 생명
스스로 고통 없이 묶여
천천히 죽음을 선택 했을지도
모를 일이다

한바탕 전자비가 내려
하늘이 뉘엇 뉘엇 보이고
온갖 파장들이
빈틈없이 공간을 엮어
기억을 지워버린다

한 떨기 바람이 잦아들자
거미공장은 다시 돌아가고
재수없이 걸려든 손님들은
포장상품으로 변한다

언제나 시간을 흐르고
거미줄 전파가 세상을 점령한다.

돌담

가슴이 허물어지던 날
돌보지 않던 발자국에
시간을 꽉꽉 채우고
오늘을 잡아두려 하네

우리 어깨처럼
비를 맞고선 돌담이
무너지고 뒹굴어도
빗물은 울지 않는다네

이제껏 누려온 행복이
가슴에 묻혀 있어
돌담에 기억을 쌓으려네

찬 바람 불던 날
가슴에 내린 눈
돌담의 눈길로
묵묵히 발걸음 옮긴다네.

빈 방

내 가슴엔 빈 방 하나 있다
무심코 버려둔 화초들이
폭염에 미라가 되는 방
퍼렇게 멍든 빈방에
푸른 별빛이 쉬고 있다

가득 찬 방 속에 아무것도 없다
가끔 이해하지 못할 행동들이
빈 방 가득하다
통하지 않는 단절에
한 줄기 바람은
항상 내 편일 줄 알았는데
레일 위 기차는 떠나갔다

내 가슴엔 빈 방 하나 있다
미련한 생각이 떠난 자리
가엾게도
밤이 나 대신 빈방에 갇혔다.

구름 위 세상

구름 위 세상
하얀 바다가 햇살에 반짝이고
구름거품이 섬을 씻고 있다

꿈 밖 세상처럼
구름 위 하늘이 햇살에 불타고
적도에 빙하가 떠다닌다

땅에 붙어사는 인생도
가끔은 구름 위에 오르고 싶다

땅에서 난 상처도
때론 저 구름에 아우르고 싶다.

새

영원을 찾기 위해
날갯짓하는
새처럼
우리의 사랑을 얻기 위해
꿈속으로 달려간
우리는
하늘로 날아간
새처럼
우리의 영혼을
먼 하늘로 날려보냈다.

한 사람

까만 밤을 만들었더니
까마득한 하늘에 별이 열리고
눈썹달 숨바꼭질에
술래잡기 구름이
까마득히 멀어져 간다

차가운 별빛 뿌릴 때
반짝이는 눈동자는 사라졌고
매일 밤하늘에 별무늬 그리며
한 사람을 기다린다

어떤 별은 초저녁에 생기고
또 어떤 별은 이슥한 밤에 반짝이지
어젯밤 그토록 총총했던 별
오늘은 다 어디 갔을까
언제나 뜬눈으로 작별하는
한 사람.

만남

목어소리 세상에 맴돌아
방황하던 심장을 재우고
잠을 이루는 시간
아가처럼 누군가를 기다렸다

잿빛 비구름이 몰려와
뒤돌아 앉은 어깨에 내리고
한 번도 본적 없던 그 사람
단비처럼 그를 기다렸다

불현듯 다가와
거부할 수 없는 몸짓으로
심장은 이렇게 묻지
"나처럼 두근거렸는지를"

한 순간 그 흔한 후회범벅이래도
외면할 순 없지 않은가
두드리는 그 노크 소리를.

그네

햇살에 반짝이는 눈동자
그리운 얼굴이 그네를 탄다네

저 멀리 저 하늘로 가버린 새여
기다림에 낙엽도 썩어가는데

이러다 잊혀지면 끝나겠지
그러다 그네조차 떨어지면 말겠지

네가 잊기 전에 내가 먼저 달려와
내가 잊기 전에 네가 먼저 달려와

달빛에 반짝이는 까만 눈동자
그리운 그림자가 그네를 탄다네

빈 병

거리에 드리운 불빛
포장마차가 입김을 뿜고 있었다
불판에 둘러앉은 사람들 사이
소주병들이 벌쓰고 있다

주인공은 인간들이 아니다
골수를 주고도 기뻐하듯
알맹이 비워내고 웃는 얼굴
그게 빈 병의 마음이다

거리에 밤은 깊어가고
포장마차 하품하는 새벽녘
취객이 동물이 되어갈 때
빈 병들이 주사를 부린다.

나 혼자서

창문이 달빛을 걸러
방 안에 내려놓고
별빛이 창가에 부딪혀
이슬방울 맺힐 때
그림자 하나 방바닥을 뒹군다

무엇 하나 내 것이라곤 없는
차가운 공간에서
여전히 혼자라는 걸
달빛이 바라본다

탁한 공기에
폐를 움켜쥐고 신음하는 밤
왜 존재하는지
또 일어서려 하지 않는지

온몸으로 부르짖는
낙서 가득한 방안에서
언제나 혼자라는 걸
달빛이 바라본다.

하루살이

겨우 몇 시간을 살려고
그렇게 날개를 휘저었나
꽃 지듯 내려놓을 목숨이
그저 하룻밤일 텐데

불빛 찾는 하루살이
바스락거리며 달려드는 바람에
서서히 체온을 잃어가고
그래도 날개는 휘저을 테고

하루로 백 년을 살았듯
날개는 꺾였고
밤이 무덤을 만들었다

그렇게 날이 새고
또 새 아침이 왔다.

인생의 둥지에서

긴 세월 어찌 보냈는지
허공에 미래를 묻기도 했었지
너무 멀리 와서 돌아갈 길 몰라도
항상 다가올 만남에 열광하지

하늘로 날아간 새들이 버린 둥지에
기억을 버린 깃털이 불씨로 남아있어
모든 게 행복했던 순간
작별할 수 밖에 없는 운명의 눈으로
삶의 징검다리를 딛고 길 떠났으니
세상은 여럿으로 쪼개졌지

타인의 죽음 앞에
초대받지 못한 꽃 편지가 배달되지
그 봉인된 입구에 꽃이 피는 세상을 보려
마지막 열차를 기다렸지
인생의 둥지에서.

그림자

그림자가 지쳤다
바람이 거세서 웅크리고 앉아버렸나
이젠 그만 쉬어야겠다고
아파 누워버린 걸까
슬며시 어둠 속으로 사라진다
누구일까

그림자가 달라붙었다
혼자서는 어쩌지 못하는 사이인가
왜 항상 그의 뒤만 쫓을까
이젠 그만 다투어야겠다고
다시금 어둠 속으로 사라진다
누구일까

그림자가 멈춰버렸다
둘이서 더 힘든 사이였던가
왜 그렇게 힘들게만 살아왔을까
이젠 하나라고
그림자가 먼저 말했다.
누구일까

손끝

너를 잃은 건
돌아오는 길을 몰라서일까
포근했지만 차가웠다는 건
끝이 아니란 거였지

혼자 생각하고 내린 결정
혼자 상상하고 쓴 마지막 편지
오래도록 지새운 밤들이
끝이 아니란 거였지

허상만 좇다 하루가 지나가고
차가운 바람이 입가에 머물러
가지에 걸린 눈꽃이 커져가지만
겨울이 영원한 건 아니지

책갈피엔 너의 향기
손끝이 기억하는 너를 두고
영원히 이별은 아니란 거였지.

끝 사랑

착한 척 혼자서 한 말
되려 독설
묻지 않을게요 어떤지
말하지 않을래요
내 마음을

어느 날 찬바람에
첫사랑은 어디로 가버렸는지
창문 가로 고개를 디미는
끝 사랑

안 본다는 건 이별
답 없는 그 얼굴은 이제 그만
마음이 너무 아프니까요

우리가 하나였던 그때가
끝 사랑이었던가 봐
그땐 겨울인 줄 몰랐으니까.

뒷모습

때가 덜 탄 시골 길을 걷노라면
순둥이 애호박이 초가지붕에 매달려
엄마 등에서 보채는 아기 같았다

장터에 끌려가는 어미소 뒷모습
이제 영영 끝이란 걸 아는지
말 없는 눈물이 그렁하였다

옛 기억 근처를 맴돌다가
내가 걸어온 시간 옆에 서서
무언가 빠져 있었음을 알았다

시간은 빨랐으나 과적이었고
싱싱한 발은 신발 끈이 풀리었고
양말 뚫은 발가락이 바로 나였다

내 유약한 기억과 사연들
세상은 가볍지 않았기에
내 뒷모습은 기쁨이겠지.

쓰레기통

차지 마라! 쓰레기통이라고
어릴 적 소망이
이룰 수 없는 것이래도
꿈인가 하고 여기면 꿈이 되느니

깔보지 마라! 쓰레기통이라고
쭉정이 보리 이삭이
눈밭에서 뿌려졌어도
생명인가 하고 담으면 생명이 되느니

아무거나 담지 마라! 쓰레기통이라고
잠시 왔다가는 몸뚱이가
세상 밖에 내버려졌어도
사랑인가 하고 품으면 사랑이 되느니.

제5부

사랑비

홍시

푸르게 잎사귀에 숨어
말라버린 왕관 둘러쓰고
붉은 살갗이 부끄럽다

하늘을 이고 키웠던 몸매
까만 새의 입맞춤에 가을 달아나고
먼발치에서 가슴을 연다

씨앗 몇 개 뚝뚝
패랭이 하나 달랑 남겨두고
어린 신부가 시집을 갔다.

입춘

봄이 왔는데 아직 아닌가
음력 달력엔 봄
양력 달력엔 아직 겨울
수은주는 빨간 눈을 치켜 뜨는데
마음엔 봄이 왔다고 그러네

봄인데 마음은 삼한사온
땅은 아직도 겨울잠
내복엔 영감냄새 가득한데
준비 없는 마음은 아직 겨울이다

죽은 자들이 말없는 계절
땅이 풀리고 겨울잠을 깨면
산 자들이 입을 벌린다
불통의 벽에 기대선 생명들아
곧 입춘을 보게 되리라.

곶감

"곶감"
내 집 앞 감나무가
봄부터 고민하던 일이다

가지마다 젖꼭지 물려
햇볕을 먹었더니
연녹색 이파리 꽃을 피우네

빗물에 시간을 담그고
더운 여름날 재롱 떨더니
가을 날 여인이 되었구나

다 큰 자식 어쩐다
고운 빛깔 그 녀석들
이젠 어디로든 보내야지

경매장 소리꾼 앞에서
자~ 홍시로 팔까
어이~ 곶감으로 팔까
알몸이 되고서야 울어버렸다

"곶감"
자식 잃은 감나무가
가을이 슬픈 이유이다.

봄바람

긴 겨울 끝자락
돌 틈으로 흐르는 물소리가
들리기 시작했다
내 가슴 사이로 파고드는
화사한 바람에
내 심장이 울어버렸다

바람은 밤낮으로
땅속으로 사라졌다
새싹이 삼킨 봄이
아지랑이 속에 피어났다
돌 틈 속삭이던 밀어,
그들은 봄바람이었다.

불꽃

이지러진 낮달이 부서져 떨어지고
어둑한 하늘이 서산에 누웠다
하늘엔 밤이 가득하고 달빛이 없어졌다
잠자던 바람이 낙엽을 모으고
희나리에 불이 붙는다
불가에 마주 앉은 두 그림자
가슴 속 묵은 장작을 캐내어
미련 없이 불에 던진다
세상을 만나 주워먹은 먼지더미가
꽃가루가 되어 날아간다
달빛 없는 밤, 두려움이 없어졌다
흔적 없이 사라지는 영혼
불꽃 그림자여.

고드름

하늘이 근심하여
추운 지붕에 하얀 이불을 깔았다

인간들이 만든 욕심에
몸부림을 치다
고드름이 되었구나

벌거벗은 몸매가
눈물 흘리더니
마침내 부끄럼을 이겼구나

마땅히 응징해야 할 증오가
뾰족한 상처로 남아
저리도 가슴을 후비는구나

떼로 자라나서
슬픈 듯 뚝뚝 눈물
용서하자, 저리도 가여운 것을.

만약에

“만약에”란 게 있다면
꿈속 여행을 즐기며
내가 그리던 뒷동산에 올라
작은 갈잎에 입맞춤하리라

그 꿈이 깨지 않도록
몰래 그때로 돌아가서
슬며시 내 볼에도 입맞춤 하리라

“만약에”란 게 있다면
꿈길로 다시 들어가서
내 유년기의 나랑
멋진 여행을 떠나리라

그리고 곁에 누운 내가
옛날의 나였으면 하고
흥얼거리는 나를 보고 싶어라.

나무젓가락

내 상상 속 기억 담아
아랫목에 묻어둔 밥 한 그릇
다시는 열어보지 않으려 했는데
밤마다 그가 다가 온다

그 곁을 맴도는 내가
애처로웠는지
밥상머리 나무젓가락이
밥 뚜껑을 열어주네.

진눈깨비

빗물 속 눈 알갱이
눈이 되려다 빗물이 되었나

누군가를 기다리다
기꺼이 겨울비를 맞았고
눈보라를 기다리다
시간이 멈춰버렸다

물컹한 느낌
겨울엔 눈이 와야 하는데
눈보다 싫은 비
겨울엔 눈이 와야 하는데.

둘 다 취하려는 욕심에
진눈깨비가 되었네.

겨울 산

차 창가 멀리 흐릿한 물체
가을이 넝마를 걸치고
낙엽 더미 깔고 앉은 산
다가갈수록 그 옷이 화려하다

안개 속 어깨동무
겨울이 추워서
입김 불어대는 산
간밤 흰 눈에 그 옷이 해맑다

옛날엔
산 아닌 곳에 취해
겨울에 안겼어도 그 겨울을 몰랐고
산에 올랐어도 그 산을 몰랐기에
이번 겨울엔
넝마 걸친 그 산으로 찾아가야지.

메아리

나와의 대화를 위해
불러본 이름
범종 소리가 하늘로 울려
흔적 없이 사라졌듯
거울 속 반대의 나
마음속에 자리한 나
모두 나 아닌 허상이었을 뿐이다

산을 오르는 일이
나를 만나는 일이듯이
나의 목소리가 울려
메아리로 돌아오는 그 때가
하나뿐인 나와의 대화라네.

금강송

인적이 뜸한 깊은 계곡
곧은 몸매 붉은 살결에
매혹한 바람이 솔가지 유혹하고
실루엣 살짝 걸치고
부끄러운 속살이 사랑에 빠진다

골짝 바람이 솔잎 흔들면
간밤 내린 하얀 눈 털어내고
바위 위에 내려앉아
먼저 간 그들 얘기 꽃피운다.

나이 많은 산봉우리
천 년을 두고 지킨 푸르름이
혼탁한 세상에 나서는 날
기꺼이 몸뚱이를 내어준다.

얼음꽃

녹아버리는 눈물
저 멀리 달아나는 시간을 쫓아가서
영상으로 남은 널 본다

울어서 녹아 내린 마음
사라져버릴 너를 위해
그곳에 가만히 있어 주겠노라고

꿈속 영원한 나의 소망
그 속에서 새싹이 돋아나고
내 안의 너를 다시 본다

녹아버려 헝클어진 시간
다시 한 올 한 올 풀어내어
아름들이 얼음꽃으로 피워내리다.

선잠

스트레스 나무 흔들려
잎들이 떨다 섰고
잠시 놓고 나온 정신줄이
선잠에 머물다가
홀연히 불어오는 한 줄기 바람에
얕은 꿈속으로 달려가 보니
몰래 뜬 반달은 구름 뒤에 숨었고
회색빛 도시가 보였네.

겨울 연모

겨울엔 하얀 눈을 사랑하리라
누구도 모르게 마음속 깊이
담아둘 거예요
눈 덮인 겨울 어느 날
문득 그대 얼굴이 보여요

겨울엔 하얀 눈을 사랑하리라
누구도 모르게 마음속 깊이
혼자만 가질 거에요
진눈깨비 오는 겨울 어느 날
문득 그대 발자국이 보여요

겨울엔 하얀 눈을 사랑하리라
결국엔 혼자만이 아픈 것을
시간이 약이래요
눈 녹는 겨울 끝자락 어디쯤
기다려요 또다시 기다려요.

손금여행

우연히 혼자서 배낭 메고
손금 여행을 떠난다

손길 따라 살아온 날들
무던히도 흘러버린 세월
가끔은 숨기려 했던 삶이었나

손등 따라 새긴 사연
손발이 고생한 세월
주름진 삶이 그토록 두꺼웠나

꿈을 쥐고 나섰던 길
닳고 닳아도 그 자리
마지막 길은 낭떠러지였구나

손 지도에 그려진 얼굴
사랑했던 사람끼리
손 가운데 비밀이 없구나

어느덧 배낭 멘 두 사람
손금 여행을 마친다.

심술

야참 그리운 한 밤중
돌아누운 그녀를 보고
살아온 날을 되뇌었더니
어언 반백半百이로구나
아리따운 색시 건네는 한마디에
입에서 나온 넋 빠진 말대꾸
뼛속을 후벼 파듯 아파하는구나
왜 그랬을까
심술이 지배하는 소리
그건 진심이 아닌데
오래 살았다고 다 아는 게 아닌데
가끔씩 발동하는 심술 탓에
후회를 달고 살아도
아, 튀어나오는 헛소리들!

야윈 하늘

무뎌진 시간 뒤로 묻힌 기억들
야윈 하늘이 외톨이가 된 것 같아
어둔 공간이 내 마음처럼 허전해
잠 못 드는 가로등이 어둠을 밝히듯
알아가는 일이 사랑이라 믿었었지
그저 가까이만 있어도 좋았었는데

매일매일 의미 없는 일상들이 오가고
내 가엾은 분신들이 거리를 헤매고 있어
텅 빈 거리에 뒹구는 낙엽처럼
그 끝이 낭떠러지는 아닌 거지
먼 하늘 쳐다보며 떠오른 얼굴
그저 작은 추억 하나라도 간직했으면.

불법의 덫

세상이 만든 근심을
철부지 아이는 아무런 의심 없이
환희 뒤 감춘 유혹에 이끌려
돈맛에 이성을 잃어간다

오늘까지만 할 거야
오기 한 줌 가득 쥐고
세상을 돌리는 야바위 인생

어리다 하기엔
세상 보는 눈 뉘라서 막을 손가!
쉬운 길이 만든 불법 천지
어른들이 만든 길에 널브러져 있다

어쩔 텐가!
가냘픈 여인이 던진 항거를
흙탕물에 은폐되어 바라본 세상은
자판 두들기는 오락실 불빛과
밤이 그리운 굶주린 카지노
저승이 더 가까운 남녀가 있었으니.

다단계

역시 첫발이 문제였던가
첫 단추를 기회로 치부해버렸나
작은 출발로 헤쳐나갔던 물살이
하나씩 야금야금 먹어 치우더니
어느덧 해일처럼 언덕에 닿는다

쪼개져 벌어진 바위처럼
머릿속 뇌가 갈라진 듯
언제부터 그렇게 세뇌가 되었는지
먹이를 기다리는 거미가 되어
거미줄에 독을 바른다

먹이사슬에 묶인 하나하나에
강자가 누리는 고약한 행복
울타리 쳐놓고 기다리는
강자가 가진 강력한 생명줄
내일은 또 누구를 잡아먹어야 할까

한 계단 또 한 계단 기어올라
망가진 관계와 관계들
한 꺼풀씩 벗기어 본 속살은
어두운 곳에 쳐진 거미줄 세상
아, 끊을 수 없는 애증의 다단계여.

아모로소(Amoroso)

얼굴엔 웃음 조각
재봉틀 밟는 작은 꿈들이 모여
베고니아 꽃처럼 하얀 날갯짓이구나
어둠 지날 즘 새벽하늘 우러러
작은 가슴엔 밤별 떨어지누나

모두 흩어져버린 지금도
마음 속 언니들의 재봉틀 소리가 들려
소리의 주인을 찾아 나서는
아직도 내내 잠에 겨운 눈동자들이여

졸고 있는 전등불 아래
작별에 더 익숙해져 버린
뿌우연 먼지 펄펄 날리던 곳
어린 눈송이가 하늘로 날아가고
낡은 기억 너머로 너도 보이네.

• 아모로소: 애정을 담은, 상냥한

돌아서 가는 그 길

해를 업고 가겠노라, 저 산맥을 따라
한 번도 먼저 가본 적 없는 낯선 길을
달빛 따라 걷겠노라
바보 같다 해도 그저 보이는 길로 가서
속박도 굴레도 모두 잊은 채
세상이 외면하는 곳에 잠시 머물겠노라

산을 지고 가리라, 저 태양을 따라
빠르지 않고 느리게 가는 길을
세월 따라 걷겠소
세상에 버려진 것 많고 많아도
다시 피어나는 봄꽃처럼 세상을 향해
부끄러움도 후회도 모두 버린 채
배부른 나그네가 되겠소.

비록 다른 세상의 누린 냄새를 맡는데도
곧게 가지 않음에 얼마나 여유로운가!
돌아서 가는 그 길이.

한순간

한순간 세월이 흘러간다
시간이 몸으로 스며들어
숨 쉬는 모든 입에 키스 한다
그리고 설렘을 하나씩 나눠주고
따라오라 손짓한다

한순간 매일 나이를 먹는다
나무들이 나이테를 감추고
떨구는 잎사귀만큼 늙어가듯
마음은 언제나 여린 잎새래도
떠나간 날들이 몸을 늙게 한다

한순간 그림자가 어둡다
강어귀로 고요가 밀려들고
옅은 어둠이 잔물결을 달랜다
물새가 날다가 지칠 때쯤
둥지라도 만들어 줘야겠다.

새

비 뿌리던 날
산모롱이 덮치는 바람 무리에
몸부림치는 숲 속
나뭇가지 낙엽을 떨구고
새 한 마리 날아오른다

별 밤 소원 빌던 달빛도
구름 속으로 숨어버리고
기억 속 머물던 그림자 하나
비 오는 거리를 헤매다가
다시 내 곁으로 다가온
날개 젖은 한 마리 영혼의 새.

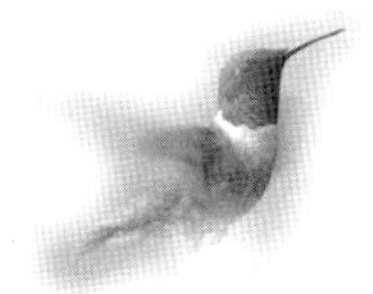

사랑비

느낌이 떠올라 좋을 사람이
내겐 허무로 남겨져 떠나버려도
그래도 그를 탓할 수는 없어요

시간이 흘러 흐려진 기억이
또다시 내게로 돌아와 잊혀져도
그것이 나로 인함을 알게 되죠

메마른 가슴에 바람이 불면
흐린 하늘을 바라보죠
머리 위로 떨어지는 비가
가슴 적시는 사랑이라는 걸

비가 내리면 비에 맞으며
채워지지 않을 무언가에 끌려
다시 작은 바램 꿈꿀 테니
쏟아지는 사랑비를 외면 말아요

다시 맞을 그 때를 위해
기꺼이 그 비를 맞아줘요.

제6부

바람꽃의 노랫말

바람꽃의 노랫말

시공時空을 거스른 씨앗이
그 몸을 새로이 잉태하듯
바람의 알을 낳는다

시공時空을 타고 온 생명이
높은 곳 흙 속을 헤매다
마침내 뿌리를 내렸노라

끈끈한 진액 흙에서 솟아올라
시간을 밟고 선 빳빳한 모가지가
저리도 찬연히 눈부실 줄이야

누굴 그리도 울렸던가, 잎 목도리
얼마나 설랬던가, 하얀 꽃 잎새

바람은 흔들림인가
그러길래 뭇 나그네의 유혹 같아
귀엣말로 꼬이면
슬며시 앞섶 열어주는 여인인가

보이지 않는 바람에
북극 펭귄꼬리같이 살랑살랑
한생 흔들리는 바람꽃이여

낭창낭창 바람물결 거세게 몰려와
습습히 뿌리가 밑동 채로 흔들려도
기다림으로도 춤사위로도 얻지 못하는 것을 위해
그렇게 몸을 사위었나 보다.

봄이 오는 소리

봄 오는 소리에
보리 새싹이 먼저 알고
겨울바람 떠나 보낸다

봄비 오는 소리에
땅이 먼저 알아채고
묵은 옷 벗어낸다

봄 오는 소리에
아지랑이 먼저 일어나
해님을 만나러 간다

봄 오는 소리에
언 가슴 먼저 녹아들고
두 손이 따뜻해진다.

벚꽃

겨울 냉기는 성난 심술쟁이
봄 열기는 하얀 조산사라네

두 계절 힘겨루기에
배불렀던 벚꽃 가지들
출산을 준비한다

꽃봉오리 내밀어
알몸으로 꽃잎 열고
세상을 맞는다

꽃 범벅 광대가 되어
삶에 지친 영혼을 위해
살랑살랑 춤 춘다.

탯줄 끊어내고
잎 토해낼 그 때
천국인양 눈물 흘린다.

봄빛

하얀 도화지에
봄빛이 세상을 그린다
가지마다 풀빛 색깔
산이 몸을 가리고
강이 시끄러워 봄인가 보다
봄빛이 드러누운 대지엔
풀잎이 살아난다
한기 덜어낸
동산 위로 해님이 웃으니
봄빛이 붓을 놓는다.

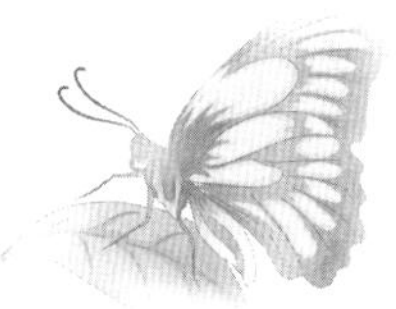

꽃샘바람

봄바람에 숨어든 냉기가
미련이 남아서
땅바닥에 주저앉았다

가려던 발걸음
정인情人이 그리워 머물렀나
꽃잎이 떠는 줄도 모르고

새 짝은 봄인데
짝사랑에 시샘하는
바늘 같은 꽃샘바람

내년이 와도
기약 없는 춘정春情인데
왜 그리 매달리는지.

오월

오월이 바다를 부를 때
고깃배에 갈매기 떼 몰려들어
인간들 남긴 찌꺼기를 염탐한다
거물에 걸린 고기 회를 쳐서
한 점 생선회 입안에 녹을 때
기다리다 지친 갈매기 떼 떠나가고
바람에 떠밀려 오는 바닷소리
어부는 뱃머리에 앉아 시름을 달랜다.

보리밭

보리밭 가곡 소리 귀가에 쟁쟁한데
그 옛날 보리밭은 어디로 갔느뇨

어미 소 이랑 타던 가을 녘 빈 들판
세월 타고 흘러간 푸르른 보리밭이여

황금물결 가을 들녘 어디에서
사랑 나누던 남녀들은 어디 갔는지.

적목련

봄빛 익는 오후
가지마다 배가 불러
붉은 치마 걷는구나

망울이 터지려나
옷고름 풀리더니
적목련 피어나네

눈 덮고 지센 밤들
한기 먹고 키운
어엿한 여인의 자태

꽃동산이 된 듯
벌 나비 날아들고
봄바람에 너울너울
아지랑이 타오르네

산새가 된 듯
입 벌린 꽃잎이
햇살을 쪼아 담네.

자운영 꽃

땅에 깔린 꽃 무리
금방이라도 보랏빛을 쏟아내어
붉은 물줄기가 흘러내릴 기세다

등 위에 햇살을 태워
바람결에 노 젓는 날갯짓
세상이 보랏빛에 물들었다

땅 위에 하늘이 생기고
잠자리가 보랏빛 구름을 가르고
꽃잎의 노래가 울려 퍼졌다

꽃 세상 또 어디에
자운영 꽃대가 고개를 들어
인간 세상을 기웃거린다.

덕수궁 돌담길

덕수궁 돌담길 따라
쌍쌍의 그림자들
얘기 봇짐 풀어놓네

돌담에 새싹이 돋고
길가엔 낙엽이 뒹굴고

쌓이는 발자국
숱한 시간이 흘러
기억조차 흐려져도

덕수궁 돌담길 따라
구둣발 소리
갈수록 요란해지네.

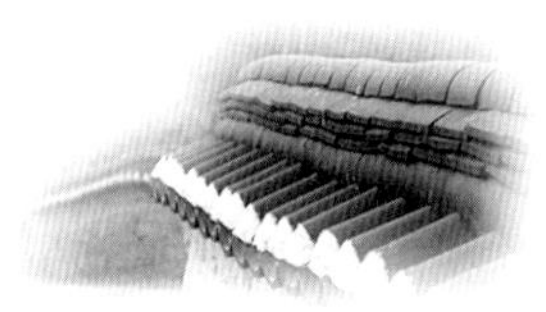

비원秘苑

그 옛날 연꽃 피워내던 부용지
네모지어 땅이렷다
둥글어 하늘이 되었고야

왕이 즐겼던 군데군데
비에 깎인 애련정 돌계단
푸른 이끼는 아직도 연모인가

애련지 연꽃잎 바라보니
세월 거스른 거문고 소리
임의 발자취 가슴에 묻어오네

궁궐 지붕 바람 소리
비원의 바램 알 듯하여
찡한 마음 하늘을 우러르네.

옛사랑

꼭꼭 숨겨뒀다 꺼내는 혼잣말
그립단 말, 죽도록 보고팠단 그 말
앓다가 사라지는 하얀 영혼
새파란 하늘에 두둥실 떠가네

누나에 안기고픈 어린 동생처럼
여린 기억들 새록새록 돋아나고
가슴 언저리 불같이 타올라서
그 얼굴 올올이 떠오르네

세상에 하나뿐인 그리운 새
어느 날 다시 내 품으로 날아들고
잊혀진 그길 자꾸 생각나서
그 돛단배 영원히 함께 가네.

한 사람을 느껴요

구름이 울다 떨구는 빗물이
가슴에 젖어오면 한 사람이 보여요

하늘이 비벼 떨구는 눈송이가
머리에 내리면 한 사람이 떠올라요

가끔 혼자뿐이라는 생각이
가슴골에 쌓이면 한 사람이 그리워져요

세월 속 잊어버린 추억들이
희미하게 다가오면 한 사람이 생각나요

떠돌다 멈춘 바람이
아파 울면 한 사람을 느껴요

언제나 기다리는 일은
내 몫이 아닌 걸 알아주세요.

기다림

애초에 떠난 것도 아니기에
언제나 그 자리에 있었을 뿐인데
어긋남이 준 선물이 기다림이라
우연을 핑계로 인연이 맺어질까
날마다 스마트폰 울림만 윙윙

처음엔 만난 것도 몰랐기에
그저 아는 사람 자리였을 뿐인데
느낌이 준 선물이 편안함이라
약속을 담보로 곁에 둘 수 있을까
날마다 길 나서는 그를 두고.

삶

바위가 시간을 햇볕에 말리고
묵은 때는 빗물로 씻어내니
바위산은 오랜만에 외출이다
산 중턱에 하얀 이빨 반짝이고
한순간 세상은 모두 잠이 든다.

세상의 차이

세상을 밝히는 불덩이
눈부셔서 마주할 수 없다
독대할 수 없는 빛이기에
그늘 아래 후광을 살핀다
지구란 몸통이 돌고서야
낮에 뿌린 허물을 주워담는다

보고 보아도 온화한 달빛
더불어 바라볼 수 있어서 좋다
음지에서 자란 속내가
어둠 속 달빛에 드러난다
별 박힌 하늘이 내려와
잠든 세상을 덮어 주고 있다

우주가 음양의 조화이듯
세상의 차이는 느낌뿐
인생은 반복의 조화로구나.

비가 내리고

창가에 빗소리는 누구의 음성인가
누굴 위해 그토록 창을 때리길래

세상 다 적시고 찾아온 길이라면
머리부터 발끝까지 적셔보리라
기꺼이 그를 맞으리라

초야에 스며드는 빗줄기에
아픈 뿌리가 잠이 들었구나
새가 깃털을 남기고 떠난 세월 동안
기억의 골에 빗물이 가득 고였다

온 누리에 비가 내리고
앓던 몸에 옹달샘이 생겼으니
이제 그와 함께함이라.

안개속에서

안개가 좋아하는 세상
산허리에 눌러앉아
한 폭의 그림이 되었다가
산정 길을 지운다

멀리서 흐릿한 형상
한 겹 한 겹 안개속으로
햇살이 스며들고
파란 하늘이 보이기 시작했다

막 폭격이 끝난 화약 연기처럼
길가에 피어오르는 안개 무리
사람마다 가슴에 안개가 피어올라
세상이 구름 밭이 되었다

구름이 지상에 내려와
물방울이 쌓이고
안개 밭에 갇힌 사람들이
세상을 헤매고 다닌다.

새벽

졸린 달빛 숲 속으로 찾아들고
어둠이 가려고 먼동이 북 치는 소리
바람 줄기 산등성이로 찾아들고
먼동이 트려고 하늘이 홰치는 소리.

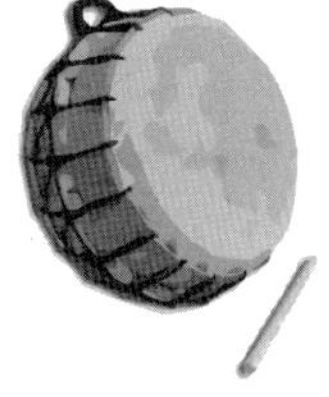

강

강물은 쉴새 없이 흘렀다
높은 곳이 싫어서일까

강바닥도 꼬집어보고
둑길 옆구리도 비비며
세월 낚는 강태공도 만났다

시간이 재촉해서
강물은 쉴새 없이 흘렀다

다시 올 기약 없이
강물은 흘러갔지만
강은 언제나 그 자리에 있다

비

창밖 맺히는 작은 이슬에
구름 덮인 하늘
비가 내리기 시작했다

흐린 하늘이 비를 떨구면
빗방울에 몸을 씻기고
허기진 초목들이 입 벌린
그 나무 아래로 숨어들었다

흐린 날이면
닫혔던 내 마음이
여전히 우산에 가려있음을
몸이 알려주었다.

폭포수

버림으로 탄생하는
포말이 이글거리는 아우성
흩어졌다 다시 만나는
절벽 아래 물 떨어지는 소리

새 길 찾아 나아가는
물결 퍼지는 소리
방울방울 쪼개져서
영혼조차 사라진 듯해도
파동으로 되살아나는 흐름이여

떨어지고 흩어져도
다시 뭉쳐 나아가는
단절이 아닌 탄생
풀뿌리 같은 폭포수여.

강물

곧게 나아가지 않아도
끝도 없이 끊임없이
물결은 땅 위를 누비며 나아갔다

거칠 것 없이 내딛는 발걸음
주름을 오므렸다 펴는 벌레처럼
물결은 앞으로 나아갔다

암석 바닥을 헤집고
흐름이 끊긴 듯 절벽으로
하늘 향해 뛰어내리는 강물
어깨동무가 풀리어
낙하의 자유를 알게 되었다

흐름의 끝은 바다
넓고 깊음에 희석되어
뿔뿔이 흩어져 사라지고
묵힌 세월 다시 오면
다시 강물로 흘러간다.

인생 너에게

뚝 떼어 놓고 버려둔 어제가
갑자기 같이 가겠다 보채며
내 기억 속을 달려 나온다

날마다 일어나는 아침에 보는
빨랫줄에 앉아 노니는 제비 한 쌍
아, 그렇구나! 혼자가 아니네
오늘 함께 숨 쉬는 일이 나 아닌
너와 함께란 걸 잊었네

가마솥에 불을 때면
미로 속 내일 일이
그을음으로 묻어나고
다가올 인생은 하얀 햅쌀밥이어라

과거에 맡겨두었던 눈물이
너를 위한 사랑이었기에
인생 너에게 모든 걸 걸겠다.

잃어버린 기억

가슴 시린 눈물 조각 모아 모아서
별빛 쌓아 묻어두었던
내 어릴 적 사생死生의 추억을
오랫동안 잊지 못하겠더라

은행잎 떨구던 초겨울 밤
달빛 담아 접어두었던 일기장에
세월의 때 묻어 잊었던 한 사람을
무심결에 다시 불러내었더라

새벽 여명에 스며드는 빛을
어두운 세상에 흩뿌려
미라처럼 갇힌 방안에서
다시 살아나는 널 보고 싶다.

시평

시 속에서 인생의 출구를 찾다

- 김대은의 시집 《바람꽃의 노랫말》

김선주 문학평론가, 건국대 교수

시평

시 속에서 인생의 출구를 찾다

– 김대은의 시집 《바람꽃의 노랫말》

김선주 문학평론가, 건국대 교수

1.

누구에게나 시간은 생명이다. 그럼에도 시간을 함부로 쓰는 사람이 많다. 아니, 시간을 생명으로 여기는 수효가 희박한 세상에서 우리는 영혼의 호흡을 마시고 내뱉는 연습을 습관처럼 한다.

심각한 경쟁구도가 성공의 가치척도가 되어버린 지금, 인간의 삶을 노래하기보다 물리적 현상에 편승하는 예가 흔한 시대다. 그 와중에 누군가는 시를 읽고 쓰며 역사의 다리를 건설한다. 이들의 지적 노동행위는 당분간 잎사귀 하나 피우지 못하고 절명의 위기에 이를 수 있다. 어쩌면 영원히 시의 열매를 맺지 못하고 불멸의 촛불 하나 품고 이내 사라질지도 모른다. 그들의 시를 향한 집념, 한 생의 가치를 위해서 불사르는 원초적 본능에 대한 섬세한 연구가 필요하다. 서로 동고동락하며 누군가 밤새워 이뤄야 할 숙원사업이자 인생과제인 것이다.

요즘은 시란 무엇인가에 대한 질문조차 들어본 지 오래다. 시를 읽고 느끼며, 그 내면에서 울리는 감동과 상념에 숨은 진실을 외면하는 현상이 범람하는 시기에 끊임없이 시 작업을 지속하는 이들의 열정은 어디서 오는 것일까?

모리스 블랑쇼(Heinrich Theodor Boll)는 이들이 존재하는 곳을 《문학의 공간》으로 정의한다. 시인은 그 공간에서 창의적이고 미래적인 꿈을 현실화하여, 굳이 보도블록의 타액을 흡입하거나 누군가의 토사물을 부리가 뭉툭하도록 쪼아댄다. 끝내 꽃 한 송이 피우지 못하고 가로수 가지를 유영하는 도회의 비둘기같이 가여운 영혼을 돌려세운다. 삶의 진정한 의미와 가치 및 행복에 대하여, 또 인생의 참된 이정표를 세우려고 애쓰는 선지자처럼.

습관적 삶의 굴레, 인간의 품성을 무시하고 무한계도를 질주하는 레일에서 기꺼이 뛰어내리자. 시인은 곧 즐거운 망명자의 신분으로 내달리는 모험가와 같다. 그는 뭇사람이 실용도서를 읽을 때, 시집 한 권 들고 읽는 유희로 신세계를 만난 듯 행복에 취한다.

시적 상상력을 통한 세계와 생활의 단상은 가히 호기심을 자극하기에 충분하다. 그것은 단순히 아이들의 감각을 자극하는 것이 아닌 미지의 영역을 읽어내는 상징성과 삶의 코드를 발견케 한다는 의미에서 그 깊이가 남다르다.

2.

시인의 시를 한참 따라가다가 어디서 본 듯한 집 담장에 이르렀다. 하나도 낯설지 않다. 아이들이 소꿉장난하고, 들새들이 날아와 잠시 쉬었다 돌아가는 곳이다. 오후반 수업을 마친 소년이 무심의 상태로 귀가하는 길목 어귀에서, 상상의 나래를 펼치면 기억 저편에서 희미한 손짓으로 누군가 안부를 묻는다. 푸른 담장 모퉁이에 소년이 보인다. 한참을 그 담장에 기대어 있으면, 희한하게 풀잎 익어가는 향기가 솔솔 풍긴다.

남의눈치도 보지 않고
어디든 기어오르는 본능은
끊임없이 갈망하는
인간의 욕심을 닮았다

한 잎 더부살이로 시작하더니
수많은 잎으로 잠식하고
전쟁 치르듯 진지를 구축한다

푸른 잎 단식하여
마치 끊어내는 의식
홍엽 떨구고
한줄기 겨울잠을 청한다

어디든 착 달라붙어
집 차지하는 본능은

부동산에 눈 먼

인간의 탐욕을 닮았다

– 〈담쟁이〉 전문

하인리히 뵐(Heinrich Theodor Boll)은 어느 문학 강연에서 "언어는 자유의 마지막 보류"라고 했다. 시인은 언어를 통해서 사상을 드러내고, 시대상을 상징적 혹은 사실적으로 그려내는 지적노동을 업으로 삼고 살아간다. 김대은의 작품에서도 이 논리가 적용된다. 시인의 언어는 그의 사상과 삶의 진위를 실어 나르는 미적 표현의 정거장이다.

위의 시 〈담쟁이〉에서 화자가 제시하는 세상사가 무엇인지 가늠해본다. 예컨대 "남의 눈치도 보지 않고" "더부살이로 시작하더니" "끊임없이 갈망하는" "한 줄기 겨울잠을 청한다" 등의 시적 어휘는 황폐한 현실에 지친 뭇사람의 모습을 느끼게 한다. 물론 시는 시인의 잉태와 출산을 통해서 세상에 내놓은 이상 독자의 몫이 된다. 시는 철저하게 읽는 이의 상황과 시대적 형편에 따라서 서로 다른 의미로 읽히는 것이 사실이다. 그런 의미에서 평자는 작품을 통해서 몇 가지 의미를 추출한다.

시 속에 제시한 구절 "어디든 기어오르는 본능" "전쟁 치르듯 진지를 구축한다" "푸른 잎 단식하여" "집 차지하는 본능" "인간의 탐욕을 닮았나" 등의 표현은 물질적 욕구에 지쳐 살아지는 지극히 세속화된 현대인의 모습을 담는다. 시인은 뉘 집 담에 기생하는 담쟁이를 보고, 무수한 번민의 시대를 지내는 경제적 동물로서의 인간군상을 그리고 있다. 그러나 시인 또한 결코 자유롭지 못한 삶을 이루는 가해자이자 피해자이므로 다소 소극적인 필법이 그를 고뇌에 잠기게 한다.

어느 날
숲 한 켠에 찬바람이 몰아치자
안개 품은 새벽이 울어대고
길 잃은 철새 한 마리 죽었다
시베리아 한기 탓일까
창가엔 성애가 피었고
시시각각 변하는 일상들은
모두 유리벽 바깥세상 일이었다.

어느 날
굳게 닫힌 벽에 부딪혀
맑고 밝게 빛나는 생각들이
마음의 창을 두드리고 있었다
보이지 않는 또 다른 세상 속
흘러간 그 옛날 이야기들을
모두 유리벽 안쪽 세상 일이었다
- 〈유리벽〉의 1,2연

시를 음미하면 문득 이상의 싯구가 떠오른다. 다음 시행은 거울을 통해서 자아와 세계를 관조한다. 실존주의 철학자 자크 라깡은 거울 속 "나"를 매개로 심리 발견의 정신분석학적 기틀을 다졌고, 김대은 시인은 〈유리벽〉을 통해서 자아와 세상사 변이를 조용히 그려냈다.

거울 속에는 소리가 없소
저렇게까지 조용한 세상은 참 없을 것이오
거울 속에도 내게 귀가 있소
내 말을 못 알아듣는 딱한 귀가 두개나 있소
– 이상의 〈거울〉 중에서

그가 유리벽을 통해서 관찰한 세계의 풍경은 예사롭지 않다. 숲의 바람, 길 잃은 새의 주검과 변화무쌍한 일상이 펼쳐진다. 소위 라깡이 거울을 통해서 자신과 주변을 분석한 것처럼 시인은 유리벽을 사이에 두고 세상을 탐구한다. 그럼에도 조금 아쉬운 것은 시적 태도이다. 어둑새벽 스모그 자욱한 풀 섶 현장에서 자연 파괴로 인한 저항의 몸부림을 읽어내고 그들의 파편을 가슴살이 흠뻑 젖도록 보듬는 그 지적 대담성이 필요하기에.

어느덧 시인은 2연에서 부끄러운 자아를 드러낸다. 끊임없이 세상 밖으로 자신을 밀어내는 그 원초적 힘에 굴하지 않고 오히려 저항하는 듯 솔직한 자화상을 그려낸다. 이제 그는 유리벽을 통과하여 그 안에서 일어난 현상들을 그의 시적 사상에 매몰시켜 마치 퇴물처럼 취급하고자 한다. 그리고 담대하게 시인다운 삶을 통하여 그의 책무를 발견하고 정진한다. 지사다운 면모로 그가 극복해야만 하는 시적 성취와 함께 시인으로서 세상을 향한 경고의 나팔을 끊임없이 불어야 할 과제가 아래 3연을 통해서 나타난다.

“겹겹이 쌓여가는 글 / 생각의 중립지역엔 / 언제나 맑은 하늘이 오가지만 / 세상의 경계에는 / 깨뜨리지 못할 유리벽이 있었다”

왜? 시인은 겹겹이 쌓이도록 글의 부담을 느껴야만 하는가. 어느 중립지대에서 집을 짓고 맑은 하늘이 오가는 속에서 “만” 이란 아쉬운 조사를 떼버리지 못하는가. 시인은 오늘도 세상의 경계에 놓여있는 유리벽이란 장애를 의식한다.

이 글의 중심은 남루한 시대를 살아내는 비장미와 그만의 독특한 사상이 마지막 4연에 오롯이 드러난다. 곧 물질적 맘몬사상이 지배하는 중립지대에서 더 이상 집을 짓고 살지 않겠다는 의지의 표명이 “우리는 이산가족이 되어 / 유리벽에 면회를 간다”로 정의된다.

3.

시인은 혼돈의 여정을 지나며 중년의 완만한 경지에 이르렀다. 그리고 연거푸 각오를 다지는 부분이 다음의 시에서 보인다.

땅거미 지는 저 산 너머로
내가 가야 할 길도 있다네
산길 험하고 어둠이 몰려와도
여기서 그 걸음 멈출 수 없다네

까만 밤배 없는 등대야
적막한 항구 저 바다 건너로
내 길도 알려다오
갈바람 타고 바닷길 누벼야지
고난도 좌절도 그 배에 실어가리라

먼 길 돌아가는 외로운 방랑자여
그 마음 나도 안다네
아~ 걸어온 길 되돌아보니
어느덧 반백을 넘겼다네
- 〈나의 길〉 1, 2, 3연

앙드레 말로는 《덧없는 인간과 예술》에서 고백하기를 "내가 아는 작가 대부분은 자신의 어린 시절을 좋아하지만, 나는 내 어린 시절을 좋아하지 않는다."고 했다. 그만큼 앙드레 말로는 그의 어린 시절에 관해 이야기하는 것을 좋아하지 않았다.

시적 자아는 위의 시 〈나의 길〉을 통해서 "유리벽" 속의 부끄러운 자아와 과감하게 이별을 고하고 앞으로 전진 또 전진한다. 그 원초적 힘이 어디서 왔는지 모르지만, 분명히 자신의 무능과 절망으로부터 찾아온 축복이 아닐 수 없다. "산길 험하고 어둠이 몰려와도 / 여기서 그 걸음 멈출 수 없는" 석양 아래서도 끝없이 가야만 하는 생의 비애가 느껴진다.

시는 때로 그 어느 예술 장르보다 힘이 넘치며 선동적이다. 삶의 비겁, 좌절, 절망의 그물망을 과감히 찢고 저마다 설정된 인생의 고지, 부조리 현상을 뚫고 돌격한다. 그 역동적 에너지가 바로 시인의 삶이자 역사며, 전체적인 인생 파노라마를 관통하는 양식이 된다. 이후 과감한 결단 후에 만나는 서사의 배경은 다채롭다. 그 양상을 그려내는 시편을 살펴보면 다음과 같다.

시 〈빈들〉에선 늦가을의 정경을 그려낸다. 어느새 시인은 고군분투하며 지새운 나날을 뒤로하고, 인생의 황혼 들녘을 지나는 자신을 발견한다. 〈칡덩굴〉은 그동안 지나온 인생길에서 얻은 교훈을 차분하고 단아한 목소리로 들려준다.

"그대는/ 누굴 그리 원망해서 / 엉금엉금 세상을 기어올라 / 상처를 덮어버렸나요 // 과하지 않게 서서히 / 족적마다 잎을 뉘이고 / 내딛는 발걸음 사뿐히 / 봄빛이 온 산에 퍼졌다// 연약했던 줄기 / 힘센 동아줄로 계절을 묶어/마침내 온 세상을 덮어버렸다" (위의 시 1,2,4연)

아직도 시 〈분수〉에서 열정은 식지 않고 더욱 뜨겁게 발산된다. 마치 먹이를 앞에 둔 짐승의 몰입같이 인생의 참된 가치를 발견한 포효가 사방에 울려 퍼진다. 인류 행복을 저지하는 부정부패의 만연 현상을 겨냥하여 그 시적 총부리를 발사하듯 내면으로부터 끓어오르는 숨은 격정이 느껴진다.

"하늘 향해 내 던지는 자유 / 물방울 흩날리며 / 울부짖는 물방울은 / 아름다운 증거다//고통의 저변을 짓밟으며 / 압박을 노래하는 분수/ 산산이 부서지며/ 세상을 향해 소리치고 있다" (위의 시1,4연)

시인은 이제 숱한 내적 역경을 딛고 일어나 다시 현실로 돌아온다. 그 시가 바로 〈아내 통장〉이다. 이 시를 통해서 다시 한 번 자신의 가장 소중한 사람과의 관계, 애증의 온갖 시련을 겪어온 과정에 대하여 성찰해본다. 한편 가장으로 사회의 일원으로 책임을 수행하면서 자신의 인생 절반을 잘라 들보로 세워온 시간을 돌아본다. 이윽고 그는 내면 의식의 세계를 다시 점검하기에 이른다.

간절한 목소리여
아무에게도 들리지 않는가
네가 사라져 가는 소리가

흐린 동공에 세상이 뿌옇다
흐리고 비 내리는 얼굴
그런 모습은 오늘 아침 처음이야

잠들어 맞이하는 세상
끔 속을 유영하며
살짝 의식이 경계를 넘어간다

영혼을 정리하는 시간
흐려지는 눈동자여
세상이 그래도 아름답다

뒤를 두고 앞서가는 발자국
천천히 그리고 빠르게

하나씩 흔적을 지운다

네 몸이 뿜는 이야기
우리가 헤어지던 날
그 날 아침은
비도 내렸고 의식도 지워졌다
나는…

– 〈의식의 경계〉 전문

아리스토텔레스는 〈시학〉에서 역사가와 시인의 차이점에 대해서 설명한 바 있다. "그 차이점은 운문을 쓰느냐 아니면 산문을 쓰느냐 하는 점에 있는 것이 아니라, 한 사람은 실제로 일어난 일을 이야기하고 다른 사람은 일어날 수 있는 일을 이야기한다는 점에 있다. 따라서 시는 역사보다 더 철학적이고 중요하다. 왜냐하면, 시는 보편적인 것을 말하는 경향이 더 강하고, 역사는 개별적인 것을 말하기 때문이다."

이처럼 한 사람의 의식의 변화가 얼마만큼, 또 다른 의식의 거대담론으로 혹은 드넓은 세계로 영역을 확산시킨다. 변천 과정의 기점에서 모습, 가치관, 문학관의 방향설정은 지극히 중요하다. 아르놀트 하우저가 《문학과 예술의 사회사》에서 밝히고, 가스통 바슐라르가 그의 저서 《대지, 휴식의 몽상》에서 말했듯이 인간은 누구나 의식의 경계에 이르게 된다. 다만 그 경계 어느 편에 서 있는지 '자신의 인식 여부' 에 따라서 그의 삶은 확연한 차이를 가져온다.

이윽고 시인은 일상을 넘어 내면의 세계로 눈을 돌려 과감하게 질문한다. "간절한 목소리여 / 아무에게도 들리지 않는가" 그리고 스스로 정답과 같은 결론을 내린다. "영혼을 정리하는 시간 / 흐려지는 눈동자여 / 세상이 그래도 아름답다" 여기서 시인은 죽음에 대하여 자신이 반드시 이르러야 할 또 다른 대지로서의 사후세계에 대한 갈급한 마음으로 표현한 나머지, 영혼을 정리한다고까지 고백한다. 사실 영혼을 정리하는 것은 인간에게 허락된 것이 아니다. 육체와의 이별도 역시 인간에게 영속된 권한이 아니다. 그럼에도 유한한 인생의 종말을 알고 있는 시인은 그만큼 비장한 마음으로 생의 끝을 바라본다.

간혹 누군가는 이대로 영원히 살듯 자만한다. 더불어 현재 누리는 부와 아름다운 건강이 영원할 것처럼 교만스럽게 호들갑을 떤다. 지식과 예술도 역시 유한한 세계의 상징물에 불과할지도 모른다. 시인은 일찍이 이런 모든 결과물을 마치 현상학 레퍼토리처럼 음송한다. 그 결과 시집에 담긴 시어가 그의 인생 파노라마처럼 찬연하게 펼쳐지지 않는가.

4.

인생에 대한 서사는 한 마리 거미가 스스로 엮어 만든 거미줄처럼 오랜 시간 하소연해도 쉽게 그치지 않는다. 때로는 침묵이 더 빛을 발한다. 모든 삶을 관류하는 예술에서 시(詩)는 침묵에 버금가는 최고 장르이다. 그 이유는 언어의 함축과 낯설게 하기, 다양한 표현기법 등으로 한 편의 시가 탄생하기 때문이다. 곧 시는 이해의 과정이 아닌 탐미를 통하여 세상을 발견한다.

시공時空을 거스른 씨앗이
그 몸을 새로이 잉태하듯
바람의 알을 낳는다

시공時空을 타고 온 생명이
높은 곳 흙 속을 헤매다
마침내 뿌리를 내렸노라
– 〈바람꽃의 노랫말〉부분

시인은 그 중심에서 인생을 마치 "바람꽃"이라고 고백한다. 흔한 표현으로 어디서 와서 어디로 가는지 모르지만, 그의 가슴을 통하여 영혼의 울림을 거듭한 후 인생이 새롭게 정의되는 놀라운 결과가 펼쳐지기도 한다.

이 작품의 전반부는 시공을 거스른 바람의 흔적만을 적용하고 있으나, 후반부에 이르러 눈에 보이는 실체를 가져와 문학적으로 형상화한다. 이를테면 일정한 연령대와 삶의 경험을 통해서 깨닫는 듯 시인은 바람꽃을 인생과 밀접한 선상 위에 놓고 관조한다.

본래 바람꽃은 바람 또는 바람의 딸이라는 의미의 그리스어 아네모스(Anemos)에서 유래했으며 그리스 신화의 아네모네

전설을 동반한다. 바람꽃은 유독 꽃이나 줄기가 약해 미세한 바람에도 쉽게 흔들리는 특성을 지닌다. 하지만 시인은 바람꽃의 이미지를 강화하여 생명의 근원으로 설정하고 원초적, 범우주적인 깨달음의 신비를 고백하는 것으로 결론짓는다. 어느덧 시인은 회한에 젖어든다. 3연에서 "끈끈한 진액 흙에서 솟아올라 / 시간을 밟고 선 빳빳한 모가지가/ 저리도 찬연히 눈부실 줄이야" 라고 영탄법을 사용하여 시적 긴장을 높이고 있다.

지난 시절은 누구에게나 그리움, 문득 떠오르는 우울과 상실감에 휩싸여 영혼의 진통을 겪기 마련이다. 그런 경험이 없다면 어찌 사랑과 이별을 말할 수 있겠는가. 이처럼 인생은 흔들림의 연속이고 유혹의 끊임없는 시련이고 아픔이다.

마침내 이 모든 것을 통과한 후 어느 지점에 우뚝 서서 시인은 "기다림으로도 춤사위로도 얻지 못하는 것을 위해 그렇게 몸을 사위었나 보다"라고 낮게 읊조린다. 우리는 저마다 순간의 삶 속에 만남과 이별, 재회, 상처와 치유 등의 보이지 않는 감정 고리로 연결된 목걸이를 하나씩 지니고 있다. 그리고 자신이 걸어온 흔적을 뒤돌아보며 노래한다. 마치 입산을 거쳐 높은 산 바위에 앉아서 메아리를 초대하는 것처럼.

거듭 시인은 인생을 바람꽃에 비유한다. 단순히 생물의 감각을 넘어선 특히 압각(壓覺), 통각(痛覺) 등 삶의 아픔을 지나온 그의 역사가 저기 보인다. 금방 피었다가 지는 하루살이가 아니라 잔잔한 울림의 지속, 그것을 시인은 소망한다. 이것이 바로 시인의 가치 있는 삶의 절정이며 행복인 것이다. 누가 이렇듯 생을 종결지을 수 있는가. 이 같은 영성을 소유한 인물이 바로 시인이기에 어느 철학자는 세상에서 시인을 추방해야 한다고 건방을 떨지 않았는가. 시인만이 신의 대리자로서의 피조세계를 노래할 특권을 타고 난 것이다. 그래서 시인은 창작의 고통을 감내하면서 치열한 삶을 이루는 것이다.

세상은 실로 복잡다단한 현장의 소용돌이다. 이정표가 꺾이고 쓰러져 어디로 가야 할지 장애물이 난무한 폐허와 같다. 그 속에서 김대은의 시집 《바람꽃의 노랫말》은 황폐한 세상을 향해 새로운 이정표를 제시한다.

김대은! 그는 어떤 사유의 맥을 잇는 시인인가? 그것은 시가 이미 그의 영역을 떠나 독자에게 또는 더 큰 인생 무대 위에서 현란하고 고독한 춤사위를 벌이게 됨을 의미한다. 이제 그의 시들은 뭇사람의 영혼을 적시기 위해 마지막 옷을 갈아입는 중이다.

시어 하나하나가 우려내는 감동이 모여 황폐한 세상의 안과 밖을 우리가 누려야 할 낭만의 장소로 환원하자. 한껏 물질의 노예로 전락해 버린 지금, 당당히 치유의 힘을 발휘하는 언어들이 나풀거리기 시작한다.

2013년 11월 어느 가을에…